苦しかったときの話をしようか

ビジネスマンの父が我が子のために
書きためた「働くことの本質」

森岡 毅
Tsuyoshi Morioka

ダイヤモンド社

はじめに
残酷な世界の〝希望〟とは何か？

私は4人の子供たちと一緒に、まるで動物園のようにカオスな我家でワイワイと騒がしく暮らしてきた。一番下はまだ中学生だが、長男は高校生になろうとし、次女はもう大学生、そして長女はなんともう大学を出ようとしている。ああ、ついに私の子供たちが一人ずつ巣立ってしまう！　そのことを考えると寂しい気持ちで一杯になる……。修学旅行などで一人いなくなるだけでも、急に家のなかが寂しく感じられて我慢ならないのに！　それ以前は一体どうやって生きていたのだろう？　全く思い出せないほどだ。遠くない未来に子供たち全員が巣立ってしまうと、妻と二人だけで静まり返った家で私はどうやって過ごすのか？　それはもう全く想像できない世界だ。

しかし……自分もそうだったように、子供が親元から旅立つときは必ず来る。子供たちは自分の世界を飛ぶために生まれてきた。ちゃんと巣立たないと困るのだ。そんなことは頭ではわかっていた……。

数年前のある週末の午後、私はリビングでスマホをいじっている長女に話しかけた。

「もう2年が過ぎた。大学生もあと2年しかないよ。大学を出たらどうするつもりなの？」

「え？　うん……」

質問と同時にリビングの空気の色が明らかに変わった。

「就活とか、大学院とか、そういう目先のことを聞いているのではないよ。将来はどんな仕事がしたいの？」

「うん……」

ゆっくりとスマホを置いて、こちらに顔を向けたまま、娘は困った表情をして何も言わない。


娘とはいつも会話の高速キャッチボールを楽しんでいる。しかしこういう話題のときだけは、娘は決まって石のように寡黙になるのだ。私はここで自分から言葉を継いではいけないと思い、じっと我慢していた。

長い沈黙の後、娘は小さな声でゆっくりと呟いた。

「何がしたいのか、よくわからない……」

沈黙のガマン競べには辛うじて勝ったが、バカ親の貧弱な忍耐力は早くも限界に近づいていた。

「じゃあ、自分が何をしたいのか、どうすればわかるようになると思う？」

「うん………」

娘の表情がだんだん強張っていくのがわかった。

「そういうことも、よくわからない……」

ああ、このままではまずい！　いつものパターンに陥るぞ！　そうわかっているのに、どうしてその地雷を踏み込んでしまうのか！

「じゃあ、誰かに相談してみたのかな？」

「……」

「そんな大事なことがよくわからないのに、放っておくのは一番まずいよね？　わからないならわからないなりに行動を起こさないと。今まで何かしてみたの？」

「………」

「昨日と今日で全く差がない毎日を100年続けたって、問題は何も解決しないよね？　どうしたらいいと思う？」

「…………………」

言葉に熱が入ってきた私が続けて話そうとした途端、娘の目つきが悲しげに変わった。

「だから、そういうことはわかるけど、わからないんだよ……」

娘はリビングを出て行ってしまった。

ああ、やはりこうなった……。沈黙との戦いはいつも分が悪い。子供のことになるとついつい熱くなってしまう。こちらの思い入れが強ければ強いほど、最後はケンカみたいになってしまうのだ。伝えたいことは山のようにあるのに、上手く伝えられない。もはや父親として、してあげられることがどんどん限られていく……。

しかし、そこでバカ親は考えたのだ。それでも何かできることはないものだろうか？　娘は確かに悩んでいて、その悩みを本人が紐解いていく方法を私は確かに知っているように思える。ならば、私らしく『パースペクティブ（本人が認識できる世界）』を体系化して、わかりやすく書き出して伝えよう。文章ならば、伝える方も聴く方も冷静になれるだろう。

答えは一人一人が自分で出さねばならないが、**自分の将来や仕事のことを考える際の「考え方（フレームワーク）」**は知っておいた方が良いのは間違いない。言うなれば、**子供たちがキャリアの判断に困ったときに役に立つ『虎の巻』**をつくろうと思ったのだ。それから仕事の合間や、ふと思いついた日の晩などに、ちょくちょく書き足していった。気がつけば丸1年以上にわたって筆を入れ続けた『虎の巻』は、かなりの分量になっていた。

そんなある日、お世話になっている編集者が事務所に訪ねてきた。新作の催促に来たのだ。

次に書きたいネタとして取り組んでいた研究は自分の中で整理ができておらず、実はまだ1文字も書けていなかった。

「まさか全然書いてないなんてことはないですよね？」

彼は疑るように私の目を見た。

「いや～、思うように進んでなくて。申し訳ない……。こんなのは書いているんですけどね」

私は苦し紛れに、『虎の巻』を取り出した。

「でも、これは子供たちのために書きためたものなんで、ちょっと違う内容なのですけど」

「何だ、書けてるじゃないですか。ちょっと読ませてくださいよ」

「いや、だからこれはプライベートなもので……」

マイペースな彼は冊子を奪い取るとニヤニヤしながら読み始めた。次第にその目は真剣になり、瞬きを忘れた静止画のように原稿に釘付けになっていた。シーンと静まり返った会議室で、彼は黙々と原稿を読んでいる。私は手持ち無沙汰になって席を外した。

しばらくして戻ると、驚くような状況になっていた。日頃は感情をほとんど顔に出さない彼が、目を真っ赤にしながら唸っている。

「すごいですよ、これ……。どんどん引き込まれて、後半で完全にやられました」

読み終わった原稿の上に涙の染みができていた。

「森岡家の家宝にしておくだけではもったいない原稿です。これは世に出すべきです！　森岡さんの子供たちだけでなく、就活に臨む若い世代、いや、**キャリアに悩むすべての人に役立つ本質的な書籍**になります！」

そもそも〝キャリア〟という言葉は、日本語に訳することすら難しい。「出世」と訳してしまうと何かいやらしいし、「職務経歴」と訳しても、1つの会社に一生勤め上げることが美徳だと感じている人にはピンと来ない。以前にも「会社と結婚するな、職能と結婚せよ！」という私のメッセージが、さまざまなメディアで反響（炎上？）を頂いたことがあった。キャリアに対しての考え方は、十人十色なのでとにかく反感を買いやすい。だから「私はこれを信じる！」と明確に書くにはそれなりの勇気がいるのだ。とりわけ本書の原稿は、森岡家でのドメスティックな使用を前提に書いた生々しい本音の集積だからなおさらである。「そもそも人間は平等ではない」など、そのまま世に出してしまって良いものか？　私は躊躇《ちゅうちょ》した。

しかしながら、結局は生々しいままで行くことになった。第1章から第6章までの内容は、ずっと書きためていたものから抽出したそのままズバリである。それらは、一人称（オリジナルでは父）や二人称（オリジナルでは娘の名前）の呼び名を修正したり、出版用に読みやすくなるように構成を編集したりはしたが、基本的にほぼすべてリアルな原稿そのままだ。したがって、所々に激しい表現や、身内以外にはわかりにくい世代間ギャップがある比喩表現（『北斗の拳』の〝死兆星〟など）や事例などが含まれているが、リアリティを可能な限り大切にするためにほぼそのまま残すことにした。

修正して取り繕った「よそ行き」のキャリア論にしてしまうと、伝わる力が弱くなってしまうと思ったからだ。学者でもなく、評論家でもなく、マーケターでもなく、私は父親としてそれらの原稿を書いた。**ビジネスの最前線で生きてきた実務家としての私ならではの視点を、子供の成功を願う父親の執念で書き出したのだ。**その生々しさこそが本書のレアな〝特徴〟だと信じることにした。したがって、この本はきっと今まで以上に読者の好き嫌いが分かれるだろうと予想する。本書独特の〝リアリティ〟が、一人でも多くの読者にとって良い意味で刺さることを願っている。

この原稿を書く上で、これまでの書籍と変わらずに一貫させたこともある。それはできるだけ〝**本質的**〟であろうとするアプローチだ。**現実を見極め、正しい選択をすることで、人は目的に近づくことができる。そのために重要なのは、さまざまな現実を生み出している〝構造〟を明らかにすることだ。**キャリアにおいてもそれは同じだと痛感している。社会で成功をつかむためには、覚悟をもって〝構造〟を直視し、その本質を大きくしっかりと把握せねばならない。

キャリアにまつわる世界も、〝構造〟によって生み出された〝残酷な真実〟に満ちている。この世界は、創った神様にとっては極めてシンプルな〝平等の精神〟に根差しているのだが、その結果の偏りは一人一人にとっては極めて〝不平等〟になるのだ。**神様の正体は「確率」であり、1つ1つの事象の配分は極めて平等に〝ランダム〟に行われているが、結果には〝偏《かたよ》り〟がある。**したがって、神様のサイコロの結果、一人で幸運を3つも4つも享受する人もいれば、一人で不運を3つも4つも背負う人もいる。それこそがこの世界の残酷な真実だ。

そんな〝残酷な世界〟と向き合って、自分はどうやって生きていくのか？　キャリアとは、その質問に対する一人一人の答えなのだ。本書で説いているのは、「**神様のサイコロで決まった〝もって生まれたもの〟を、どうやってよりよく知り、どうやって最大限に活かし、どうやってそれぞれの目的を達成するのか？**」ということに他ならない。そのために己の〝特徴〟を知ること、特徴を強みとして発揮できる〝文脈〟を見つけること、そして〝強み〟を徹底的に伸ばすこと、それらがなぜ重要なのかを私の子供たちに理解させるために、具体的に解説している。

神様の〝ランダム〟の結果、目には見えない内面にはむしろ外見以上の特徴の〝差〟がついて人は生まれてくる。自分特有の先天的特徴、自分を育んだ特有な後天的環境、それらの組み合わせによって、世界で唯一無二の存在である〝自分〟になっている。泣いても喚《わめ》いても、その特徴を大きく変えることはできないのだ。であれば、過去に振られたサイコロを受け入れて、前を見よう。人と比べて凹んでいる場合ではない。変えられるのは未来だけなのだ！

では、希望とは何か？　最大の希望は、「それでも選べる」ということだ。どのような特徴を持って生まれてきたとしても、人生の目的も、それに向かう道筋も、自分の人生を**コントロールする〝選択肢〟を握っているのは実は自分自身しかいない。**そのことに一人でも多くの人に気づいて欲しいと私は切に願っている。

50年前よりも20年前よりも、今はより多様な生き方を選べる社会になっている。画一的な日本企業しか選択肢がなかった時代や、転職市場がほとんどなかった時代や、女性に総合職の選択肢すらなかった時代もあった。さらに私の世代と比べても今の世代の方が明らかに選択肢は増えているし、職能はもちろん、業態、勤務形態、はたまた起業など、働き方の選択肢はこれからもっと多様化するだろう。

本当は選ぶ必要がない方が、大多数にとってはむしろ楽だから好ましいことは知っている。しかし世界と繋がったこの時代ではもはやそんなことは許されない。多様な選択肢が更に多様化していくことも避けられない。したがって〝選べる人〟こそが、より有利にキャリアを構築する時代へもっと加速していくだろう。

我々は、〝クラゲ〟のような人生を送っていないか？　世の中のうねりは、受動的に生きている大多数の人々をすぐに飲み込んでしまう。自分をちゃんともっていないと、誰もがすぐに世の中に影響されて流されてしまうのだ。自分では都度の課題に対処しながら一生懸命に動いているつもりでも、その人の真実はフワフワしながら潮に流されているだけだ。明確な意志を持っていないので、潮の流れの中で自由に泳ぐことができない。10年、15年経って、かつての知人が潮の中でも俊敏に動ける魚になっているのを目の当たりにしたとしたら、己のクラゲ人生に満足できるだろうか。

我々は、〝エスカレーター〟に身を任せていないか？　目の前にエスカレーターがあると、階段を登るよりも楽そうだから、誰もが思わず飛び乗ってしまいたくなる。でも、エスカレーターは一度乗ってしまうと、最終地点まで一定の軌道上を動く以外に自由がなくなるのだ。前方にはオッサンたちの背中が一直線でひしめいている。すぐ後ろには後輩たちがうらめしそうにこちらを見ている。サンドイッチになって身動きが取れず、降りられる気もしない。本当は嫌なら脱出すべきなのだが、多くの人がその選択肢を選べずにずっと乗ったままだ。そして実際には、到着点までは乗せてもらえないことが多いにもかかわらず、「降りろ」と言われるまで自分から降りることを選択しない。

実は〝選べた〟のに、今からでも〝選べる〟のに、多くの人はそれでも選択しない。なぜならば、神様が〝選択のサイコロ〟だけは自分の手に委ねてくれているのに、それに気がついていないからだ。頭の中にない選択肢は選べない。

しかし、もしも好きなことを選べたならば、ワクワク、ドキドキ、しびれるような達成感や、叫びたいような興奮に包まれることが、何度も何度もある！　**その興奮と感動が「やりがい」であり、人はそれを味わうために生まれてきたのではないか？**　と私は思っている。最も充実した時期の何十年もの人生を捧げるキャリアなのだから、どうせ働くならば「やりがい」のある道を選びたくはないか？　そう思う人はその道を選ぶべきだ！　まだ選んでないのなら、選びなおすことを選べば良い！　もしも1社目で失敗したとしても、2社目を選べば良いのだ！　本書はそのためのガイドブックである。

どうか一人でも多くの日本人が本書を読んで、ずっと手の中にあった〝選択〟のサイコロの感触を確かめて欲しい。私が子供たちに理解させたかったことも、皆様に伝えたいのもこのことだ。

この世界は残酷だ。しかし、それでも君は確かに、自分で選ぶことができる！

すべては、あなたらしい道筋をみつけるために。
本書がその一助になることを願っています。

著者　森岡　毅
2019年新春　吉日

第3章

自分の強みをどう知るか

おわりに　あなたはもっと高く飛べる！

第1章

やりたいことがわからなくて悩む君へ

やりたいことがわからないのはなぜだと思う？　自分がどんな仕事に就きたいのか、それがわからなくて悩んでいる人は極めて多い。実は社会人になってもその悩みが続く人の方が多いのだ。

子供のころから何となく不安に感じていたのではないか？　そして考えること自体を重く感じていたのではないだろうか？　自分には何が向いているのか、どんな仕事に就くと成功するのか、そういうことがいつまで経っても明確にならない。同年代の突出した野球選手や五輪メダリストのように異能に恵まれた人を見ながら、進路に悩まなくていい彼らを羨ましく思ったこともあるだろう。

彼らのように白黒がはっきりしていたらまだ考えやすいのに、多少の白っぽさや黒っぽさは感じつつも、自分のさまざまな要素のすべてがだんだん灰色に思えてくる。しかも、そこで良いなら、君はやろうとさえ思えばたいていのことはできてしまうので、灰色の悩みは深くなる一方だ。本当はそういう自分を「平凡で中途半端」と悲観的に疑うのではなく、「何でもできる」と楽観的に捉えるべきなのだけれど、どうしても不安が先行してしまう。

大学生になって社会人になる時期が近づいたら、自分の進むべき道は自然に見えるように

なると思っていたのに、全くそうはならなかった！　就活生になろうとしているのに全くやりたいことがクリアではない自分に焦る。周囲には進むべき道が明確になったようにみえる人もチラホラ散見されて、どんどん焦りは高まっている。本当は〝就活〟の文字すら見たくないほど、そのことを考えると気持ちが重くなるのだ。何も明確になっていない自分をヤバイとは思うけれど、時間だけは残酷に進む中で大きな流れにのまれて、いやおうなしにこのまま就活戦線に突入していくしかない……と。

今、君はそんな状況ではないだろうか？

君は私の自慢の娘だ。あの小さかった君がついに社会人になろうとしている。翼を広げて自分の世界へまさに飛び立とうとしているのだ！　悩んでいる君には申し訳ないが、巣立つまでに君が成長し、膨大に広い世界に戸惑いながら、東西南北どこへ飛ぼうか大いに考えて悩んでいるその眼差しを、私は嬉しく、そして頼もしく思っている。君にも今、その時が訪れているのだ。人生の岐路に佇《たたず》んで、最初の一歩を踏み出す〝サイコロ〟を振るそのときがやって来た！

私が君のためにできることも、もう僅かになってしまったようだ。その現実はものすごく寂しいけれども、君の世界を飛ぶために君は生まれてきたのだ。だから私は、君の幸せを誰よりも願う私なりの精一杯で君を見送りたいと思う。

そこで、最後までお節介ですまないが、君に役立ちそうな私なりの〝集積〟をまとめて、餞《せん》別《べつ》として書き記すことにした。二十数年先のキャリアを歩き、就職活動も採用活動も多くの現場を見てきた私のパースペクティブ（本人が認識できる世界）の中には、君にとって有用なものも、そうでないものもあるだろう。くれぐれも自分でよく考えて取捨選択して欲しい。その知性を微塵《みじん》も疑わないからこそ、私は信じていることを本気で書けるのだ。

私は自分と似たような人生を君に追走させたいとは決して思わない。悩みに向き合う君が、自分の進む太くて真っすぐな道が見えてくるように、悩みの解き方と答えの探し方の助言をしたいだけだ。君のサイコロを振れるのは君しかいない。君が振ったサイコロの目が、〝君自身にとって納得できる選択〟になること、ただそれのみを願って私は書く。

やりたいことがわからないのはなぜか？

　やりたいことがわからないのはなぜだろう？　どんなものがあるのか、それらのオプション（選択肢）を知らないからわからないのだろうか？　つまり、社会にどのような職業選択の可能性があるか、その1つ1つをよく知らないから、自分にとってやりたいことがわからないということなのか？　確かに自分にとってどのようなオプションがあるのか、ある程度は知らない限り最終決断はできない。しかし多くの人の悩みの本質はそれではないと私は確信している。

　仮に、世界中に存在するすべての職業オプションを頭に入れて、興味をもった順番に何百種類かをピックアップし、理解するためのオリエンテーションを得る時間が許されたならば、君のやりたいことは見つかるだろうか？　私はそうは思わないのだ。ますます迷って君の悩みはもっと深くなるだろう。これは就職や転職に限らず、商品の選択や、結婚相手を選ぶ場合でも同じだが、オプションが多すぎることはむしろ、人間にとっては厄介なストレスだ。これは脳の構造の問題だから真理なのだが、判断に相乗的に負荷が増すので悩みによるストレスが強くなるのだ。

つまり、君の悩みの本質はオプションがわからないことではない。問題の本質は、君が世界のことをまだよく知らないことではなく、君が自分自身のことをよく知らないことだと気づけば、解決への扉が開くだろう。**問題の本質は外ではなく、君の内側にあるのだ。**やりたいことが見つからないのは、**自分の中に「軸」がない**からだ。そして軸がないのは、君が就職のサイコロを振るこのタイミングまでに、自分自身を知るための努力を十分に行ってこなかったことに起因している。

自分の中に基準となる「軸」がなければ、やりたいことが生まれるはずも、選べるはずもない。採点基準がないのに、自分の演技をどうしていきたいとか、目の前の演技の良し悪しを判断しろとか言われても、それは反応できない〝無理ゲー〟だろう。目の前のリンゴとミカンならば無目的に選べるが、人生に少なからず影響を与える職選びはそうはいかない。人が重大な選択を迫られるとき、「軸」がないこと自体が大きな苦しみの原因になるのだから。

「軸」について、もう少しイメージが湧くように、できるだけわかりやすく例示してみよう。ある人にとっての軸は「地元で安定した生活ができること」かもしれないし、別の人にとっては「欲しいスキルが習得しやすいこと」かもしれない。とにかく「生涯年収ができるだけ高くなること」を追求している人もいれば、「車が好きだからどうしても自動車業界に入りたい」というように具体的な商材や業界への強い思い入れを軸にする人もいる。他にも「女性として勤めやすい企業をみつけたい」とか「将来の大企業（急成長企業）に入る」とか、はたまた「自分を一番高く評価してくれた企業に入りたい」など、千差万別の定義がある。

そして実際には一人が重視する軸は単純に1つではなく、複数あることが多いので組み合わせはさらに多様化する。私自身の就活生時代を例に挙げると、「①経営者に必要なスキルが身につくこと、②成長のスピードが速いこと」の2つの軸で考えていた（業界や商材などは歯牙《しが》にもかけなかったので、最終段階で某銀行と某商社とP&Gで悩むことになった）。人によって大事なことは違うので、この軸はまさに人それぞれなのだ。

したがって、君に向けてこれから私が書き記す内容は、君自身の「軸」を君なりに考えて形成していくために必要な視点を集約していくことになるだろう。自分のキャリアを考えるうえで、考慮すべき点（軸になり得る要素）はたくさんある。私が書くことは、私自身の成功や失敗を通じて体験したことも、身近な人を見聞して知り得たことも、通り過ぎてから気づいた切実な後悔も、たくさんある。しかしながら、それらを知ったとしても肝心なのは、自分にとっては何がより大事なのかを考えて、自分なりの優先順位をその時々の精一杯で明確にしていくことだ。当然だが、君の世界でそれができるのは君しかいないのだ。**最終的には、今の君の精一杯の価値観で、君が「軸」を決めるしかない**。そしてその価値観も軸も、君がさまざまなことを経験していく近い将来で変化するかもしれない。いや、きっと変化するだろう。それでいいのだ。君の価値観が変化したら、またその時点での君のベストの軸に合わせてキャリアをアップデートすれば良いだけだから。最初から最後まで変わらない1本の価値観と軸のベクトルの上で、揺るがないキャリアを生きている人は、ほとんどいないと思う。経験とともに、ライフステージとともに、最も大切なものが変わることがある。だから未来に「軸」が変わることは全く恐れなくていい。

もし、内なる自分の声に耳を十分に澄ませて自分なりの軸を探したにもかかわらず、本当にその軸が見つからなかった場合はどうすれば良いか？　その場合は、どのオプションを選んでも良いということに他ならない。自分の中に選ぶ軸がないならば、どの選択をしようが自由だし、すべてが正解だ。したがって、その場合は悩むことをさっさと止めて、〝阿弥陀《あみだ》くじ〟で進路を決めてしまえば良い！　悩む人を突き放しているのではない、本当にそうなのだ。本当に軸がないならどれもが正解だから悩む必要は全くない。

〝阿弥陀くじ〟は、就活生だった私が恩師から実際に言われた言葉だ。就活生のとき、内定をもらった都銀と商社とP&Gで最後まで悩みに悩んだ私は、ゼミでお世話になっていた田村正紀教授に電話をした。そのときに先生は「〝阿弥陀くじ〟で選べ！」とおっしゃった。私は最初はムッとしたが、自分の中で選択の軸が不明確なことを指摘されたことに気づいて、「はっ」と我に返ったのを覚えている。そして具体的な社名を念頭に悩むのを一切止めて、ひたすらに私にとって重視すべき選択の「軸」を考え抜くことに集中したのだ。その結果「成長のスピード（若いときに経験させてもらえる質と量）」を最大限に重視すべきと決めて、結果的にP&Gに行くことを選んだ。

本質的に君が悩むべきなのは、具体的な就職先ではない。**君が真っ先に悩んで、そして最後まで集中して考え抜くべきなのは、君のキャリアにとって重視すべき「軸」なのだ**。それが明確であればあるほど、どの職能を磨きたいのか、どの業界や企業を回るか、それらも自動的に定まってくるだろう。最終的な選択は、内定をもらったオプションの中から最も軸に沿うものを見極めることに集中すれば良い。自分の持っている時間や労力や精神力には限界がある。就職活動ですべての業界や会社を回ることはできないし、甲乙つけがたいA社とB社の面接が重なることはしばしば起こる。君がまず「軸」を明確にすることは、就活戦線を有利に戦い抜くための戦略を立てることに他ならないのだ。

「経験がないのに考えても仕方ない」は間違い！

自分のことを知っている度合をSelf Awarenessという。日本の最大の課題の1つは、このSelf Awarenessが強い子供をもっと増やしていくことだと思う。小学校へ入学してから大学を出るまで16年間もあるのに、自分が何者で、どんな特徴があって、どんなときに幸せを感じるから、どんな職に就いて、どのような人生を送りたいか、そういうことをほとんど考えさせない。高校時代に文系か理系かを選ぶ際にも、己の内面を問うことをスキップして、その時点で数学がどの程度できるかで半自動的に決まってしまう。進むべき大学や学部も、受験の合否と偏差値による世間評価との相場観で、それほど悩まなくてほぼ受動的に決まっている。結果、Self Awarenessが未成熟なまま、己の軸がない状況のまま就活が始まる人が多い。

そういう育ち方をした多くの大人の中には「まだ社会も知らないし、仕事もしたことがないのに、自分の強みや軸なんて考えてもわかる訳がない。そんなことは考えなくて良い。とりあえずハードに経験が積める会社に入って働けば、おいおい見えてくるから」という人が少なからずいる。こういう大人は愚かで、しかも無責任だ。Self Awarenessが低い若者の悩みがわかっていない。もっといえば〝わかる〟ことの本質がわかっていないのではないか？**「経験がないのに考えても仕方ない」は間違いだ。**むしろ、ちゃんと考えないから経験に踏み出せないのだ。

〝わかる〟ということは、何がわからないのかを、わかることである。考えたらわかることと、考えてもわからないことの境界が自分なりに納得できるようになることだ。自分なりに頭を使って考えれば、自分にとってわからない領域がどのあたりにあるのか、そしてそのわからない程度もわかる（＝感触がつかめる）ようになる。わかるためには何がわかれば解決できそうか、それもわかる（＝想像できる）ようになる。自分なりにその何かを得るために行動することが可能になるので、たとえわからないことが解消できていなくても、自分なりの最善で向き合っていることは少なくともわかる（＝納得できる）ようになる。わからないなりに「やれることはやっている（はず）」と思えること、それが心の安定に繋《つな》がる。

つまり君の不安は、わからないことをずっと放置してきた〝うしろめたさの闇〟から溢れ出てきている。無限に広がる暗黒に佇む人に対して「大丈夫、とりあえず飛び込もう」と言っても、本人にとっては全く大丈夫ではない。その暗黒を自分の目でよく見れば、手掛かりになりそうな足場や、自分にもわかる明るい場所がいくつもあったことに気がつく。そうやって考えて初めて、悩みと同居する自分の心は安定してくる。悩みがどんな顔をしているのか自分なりに理解できると、悩み自体は消えなくても、悩みが生み出すストレスに慣れるようになる。どのみち時期が来れば飛び込まざるを得ないのだから、それまで考えないようにしておくメリットなどはないだろう。

Self Awarenessは、いつ考えても早すぎることも、遅すぎることもないのだ。日本人にその習慣がないのは問題だが、そういうことは子供の頃から頻繁に考えておくべきなのだ。むしろ、「経験がないから考えてもわからない」という愚かな言葉を信じて、就活のときまで悩む努力を怠ってきたツケの大きさが苦しみの原因だと認識できるならば、今考えないとそのツケがもっと大きくなることも理解できるだろう。君がこの先に何歳になろうが、幸福になりたい限りSelf Awarenessを高めることは必要だから、早めに慣れておこう。

君の宝物は何だろう？

ここで一旦「軸」の話から離れて、人との比較もしばしやめて、自分自身を見つめて「内なる声」を聴いてみよう。ふと考えてみると、人は家庭でも学校でも会社でも自分以外の誰かと比べられてばかり。悲劇的なのは、誰よりも自分自身が他人と比べてばかりいることだ。他人との相対比較ばかり強調される人生で、それが自分の中でもクセになっていて、優越感や劣等感をガソリンにして生きていくことが次第に当たり前になってしまう。その結果、自分の中にある「宝物」が見えなくなっている人がいかに多いことか。

そもそも**二十数年間も生きてきただけで、ここまでの君の人生は大成功**だと気づくべきだ。まずは君が大成功者だという前提で考えよう。なぜならば本当にそうだからだ。数字で話すとまた嫌われるが、日本人が出産という試練を超えて生まれてきた後、22歳まで生存する確率は99％だ。残念ながら100人に一人はすでに亡くなっている。まして君のように大学教育まで受けてから就職活動に悩めるチャンスを掴めるのは同世代の半分以下の47％。日本はやはり恵まれていて、世界では生存率も進学率もずっと低い。そう、まぎれもない事実は、君はここまで生き抜く幸運と才能に恵まれた成功者だということだ。
まずは、大きく呼吸して、肩の力を抜こう。今の自分を肯定することから見えてくるものがある。それをこれからじっくりと考えてみよう。**成功は必ず人の強みによって生み出されるのであって、決して弱みからは生まれない。**その成功を生み出す強みこそが、君の「宝物」だ。ここまでの二十数年間、大成功した君を支えてきた「宝物」は何だろう？

「宝物」はすべての人が持っている。自分の宝物は他人との比較ではないからだ。自分の今を肯定したときに、その今をつくり上げてきた自分の中での相対的な特徴（＝強み）を宝物と定義している。すべての特徴は宝物になり得るし、全く特徴がないというのもそれ自体が極めてレアな特徴だ。つまり特徴のない人はいない。たとえば、ある人は「人とすぐに仲良くなることができる」という宝物を持っているし、また別の人は「コツコツと粘り強く努力を積み重ねることができる」という宝物を持っている。

同じ特徴が、「宝物」になるか、弱点になるかを決めているのは文脈である。「空気を読めない！」と言われる人の同じ特徴が、別の文脈では「場に流されず自己主張がしっかりできる」という宝物になる。自分を一度すべて肯定しながら、自分の特徴としての凸凹の際立った凸を探すことが大事になる。臆病者も、サイコパスも、文脈次第で宝物になるのだ。逆にその凸も、文脈によっては凹に変わるから気をつけねばならない。たとえば、「話すことが好き」という特徴は、心療内科で人の悩みをじっくり聴くのには不利に働くかもしれない。つまり、**キャリア戦略とは、その人の目的達成のために、その人が持っている〝特徴〟を認識して、その特徴が強みに変わる文脈を探して泳いでいく、その勝ち筋を考えるということ**だ。

では、君の場合はどうだろう？　二十数年間、君と一緒にいた私の意見だが（私以外にも君のことをよく知っている人たちと一緒に、照れずに君の宝探しをした方が良いよ）、君は〝考えることが得意〟なのではないかな？　これまでやってこられたのは、コツコツと地道に努力ができる才能のおかげだろうか？　私にはそうは思えない。むしろ君は、できるだけ小さな努力でできるだけ大きな成果を出すことが好きなのではないか？　その奥に光っているものが君の宝物の1つだと思う。

今までの高校や大学の君の周囲には、君のような、あるいは君から見て君よりも〝考えることが得意〟に見える人たちも多くいただろう。だから君は自分の宝物が明確に見えなくなっているのかもしれない。でもこの宝探しのルールは、外との比較ではなく、君の内側での凸凹比較だ。内側にある飛び出した特徴を探すと、やはり〝考えることが得意〟なことは、君にとって大切な「宝物」なのではないかと思う。

そこで君によく考えて欲しいのは、**君の人生における時間の使い方として、その宝物を必死に磨くよりも大事なことが他にあるのだろうか？**　ということだ。自分の特徴を活かして幸せになる道を信じるのであれば、宝物磨きを他の何よりも優先して大切にしなくてはならない。宝物は正しく磨けば武器になる。しかし実際には、磨けている人は極めて少数で、自分の宝物が何なのか無自覚な人がほとんどだ。認識できない宝物は活用することも磨くこともできない。この気づきの有無は長いキャリアで決定的な差を生むことになる。できている人は年月を積み重ねるにつれてキャリアの成功確率がどんどん上がっていく。

宝物を磨くことは、最終的に何を意味するか？　自分の中の特徴探しは他人との比較ではないと確かに言った。しかしながら社会的な評価は自分以外の誰かが最終的にするものだ。社会では厳然とした相対評価の世界が待っている。君の社会的評価（社内や業界や世間からの評価）が君の活躍の舞台や経済的なリターンを決めていくことになり、資本主義社会においてはそのルールから逃げることはできない。**最終的には同じような強みを持つ人たちと比較される中で、相対的に秀でていかねばならない**のだ。だから宝物はめちゃめちゃに頑張って磨かなくてはならないのだ。

ＳＭＡＰの大ヒット曲「世界に一つだけの花」の歌詞は、半分だけとても正しいと思う。

確かに誰しもが〝もともと特別なOnly one〟だと思う。しかしキャリアを考えるならば、大切なもう半分の視点も必要になる。それは、花屋に咲いていた綺麗な花は、すべて相対的に勝ち残ったスターであり、それまでに間引かれたり商品化できなくて処分されたりした多くの花たちがいたという現実だ。**オンリーワンとは、ある文脈においてのナンバーワンを指す**ことを忘れてはならない。花も人も相対的に競争をある程度は勝ち残らないと、商品や労働力としても買ってもらえないのだ。

自分が選んだ環境の中でナンバーワンを目指さなくても良いような、もともと特別なオンリーワンな人はいない。宝物を磨いて磨いて磨きまくって、自分の目的に近づいていかねばならない。その競争においては、負けや挫折や凹むことの頻発《ひんぱつ》からは誰もが逃れられない。負けることがあってもいいのだ。しかし長い目では競争に勝ち残っていかねばならない。

最後に少しだけ矛盾したことも言っておく。宝磨き競争をしっかりやることが板についた頃に、君はきっと、競争している本当の相手は実は他人ではなく、自分の中にある自己保存の本能（楽で安心安全な方向へ行きたがる心理）だったことを実感するだろう。一周回って、やはり内なる声を聴いて「軸」と「宝物」が、他人との競争よりも一番大事だとわかる日がきっと来ると予言しておく。

会社と結婚するな、職能と結婚せよ！

会社に依存するのではなく、自分自身のスキル（職能）に依存するキャリアの作り方を、君には強く勧めたい。文字通り就〝職〟活動であって就〝社〟活動ではない。個人にとって、会社は職能を身につけるための手段だ。自分の宝物をよく見つめて、自分がプロとして身につける職能をまずは見極めないといけない。会社よりも職能がはるかに大事な理由は主に2つある。

1つ目は、**君がいくら会社に惚れ込んで結婚したくても、会社はどうしても君とは結婚できない**からだ。会社は君のアジェンダ（達成したい意図）とは無関係の利害で存在するので、君の想いは永遠の片思いとなる。会社にとって都合の良いときに放り出されたり、会社そのものが消滅したり、買収されて全く違う社風に変わるなんてことは日常茶飯事だ。今は安定しているように見えても、どんな会社も10年後や20年後はどうなるかわからない。会社がどうなろうが、君が自由に生きていける前提を考えねばならない。

２つ目は、**スキル（職能）こそが、相対的に最も維持可能な個人財産**だからだ。家は焼ける、お金は盗まれる、配偶者でさえ離婚や事故、病気でいなくなる。しかし、君の頭の中に蓄積されていく〃能力〃だけは、君が健康な限りは常に君と共にあり、君のために生活の糧《かて》を生み出すだろう。今までの学生生活で培ってきた教養も知性も、まさにこれから獲得する職能の専門性の土台となる。それらの身についた能力こそが君の何よりも大切な財産だ。もちろん職能も永遠ではないが、それでも時代に合わせたアップデートを怠らなければ、最も永続性高く頼りになる武器となる。

ＡＩが流行ったら多くのスキルが陳腐化するので「これからの時代に職能と結婚しても大丈夫か？」と恐れる人がいる。そういう人には逆に「では他にもっと頼りになる結婚相手はいますか？」と聞いてみたい。ＡＩの台頭はどのスキルを選ぶかという課題を投げかけても、スキルの意義そのものを否定しない。なぜならば、ＡＩ時代には〃スキル磨き〃がますます重要になるからだ。それは大した能力も身につけずに呑気《のんき》に生きている中途半端な〃サボリーマン〃を、ＡＩが合理化してしまう時代を意味している。

能力の低い人ほどＡＩを過度に恐れる。先日、マーケターですらＡＩにとってかわられる時代が来ると真顔で言っていた残念な人がいた。私は人工知能を使ってマーケティングの研究を進めている張本人なので言わせてもらうが、AIに陳腐化されるようなマーケターは、そもそも今日においてもマーケターとしての仕事はまともにできていないだろう。

AIは学習機能のある計算機だと思えば良い。得意なのは、決められた目的のために、過去の集積上にある情報を自分で集めて、オプションを計算して、バイアスなしに提示することだ。マーケティングで言えば、今まで誰かがやっていたデータ集積や動向分析のCクラスやBクラスの仕事などは代替できるだろう。たとえば、メディア・データから関連するコラムを抽出して標準偏差を計算し、目ぼしい変化を勝手にレポートするような仕事は、もはや人間ではなくAIの仕事になるだろう。料理でたとえると、AIが奪っていくのは下ごしらえの仕事だ。ジャガイモの皮を剥いたり、皿を洗うのも大切な仕事だが、AIの方が速くて正確で文句も言わないからむしろ優れている。

しかしAクラスの分析はできない。意志をもたない上に、良くも悪くも〝ゆらぎ〟がないAIは、仮説を立てることが苦手だからだ。私が立てた仮説を検証する下ごしらえはできるのだが……。したがってAIには過去の延長線上にない未来を創造することはできない。加えて人間を満足させる情緒的な〝**肌触り**〟を扱うのも苦手だ。AIが演じる芝居に人間が感動するのはきっと難しいだろう。ブレイクスルーな戦略を創るのも、究極の満足を創るのも、

〝ちゃんとしたマーケターがやっている仕事〟はそのスキルを積み上げた人にしかできない。創造的な知性、対人インターフェース、高度な社会的判断、それらの領域ではＡＩは分が悪いのだ。それらのスキルの需要は総じて残るだろう。マーケティングだけではない。経営判断はもちろん、営業スキルも、人事スキルも、ファイナンススキルも、交渉に関わるスキルも、企画も、経理も、財務も、基本的にビジネスに必要な領域としてはたいていが人間に残る。ただし「下ごしらえ」の部分はリスクが高い。それが今の私の予測だ。20年後に君が答え合わせをして欲しい。

ＡＩが流行れば流行るほど、むしろ〝スキル磨き〟が重要になる時代になっていくということだ。中途半端なスキルしかもっていないとＡＩに職を奪われる可能性があり、それはオートメーション化されたロボットが単純労働者の職を大量に奪った過去と構造は似ている。**合理化されるのは、創造的に頭を使っていない仕事だ。**君たちの時代には、ホワイトカラーの領域にも機械化による合理化の可能性があるのだと認識しておけば、その変化にも君は今から備えることができるだろう。

日本の社会をよく見てごらん。そんな時代の足音が聞こえているのに、会社の看板がないと仕事ができない人や、会社の外で通用するスキルを身につけずに便利に使われている人で溢れているだろう。彼らは安定を求めて転職せずにきたはずなのに、むしろ人生で日に日に大きなリスクを背負っている。そのことにどれだけの人が気づいているだろうか。年月が経てば経つほど会社から放り出されるリスクは高くなっていく。組織に守られないと生きていけないと思い込むようになっていく（でも実際はそんなことはなく、リストラされてもたいていの人がちゃんと生きているので大丈夫！）。

会社がちゃんと続いて自分の職も守られて最後まで待遇がハッピーならば、それでもいいだろう。彼らの世代なら逃げ切れるかもしれない。しかし、たとえ逃げ切れたとしても、その人生は君にとっては魅力的か？　会社で居づらくなる何かがあっても、意味を感じられない仕事ばかり続いても、仕事に限らず上下左右に気を遣って言いたいことを言えなくても、理不尽な上司の命令や複雑な人間関係で精神的に追い詰められても、生活のために我慢することがデフォルトになっている人生だ。それが平気な人もいる。私のような性格には苦しいが、君にはどうだろう？

スキルを身につけるということは、それとは真逆の生き方だ。プロとして十分なスキルを獲得すれば主導権は君に移る。己のスキルを伸ばす舞台として君の方が会社を選べるようになっていく。スキルアップやベースアップのためだけに転職が必要なのではない。配偶者が転勤になっても転勤先でスキルを活かした仕事を選べるだろう。産休や育休で仕事の負荷を変えたいと思ったときもより自由な選択ができるようになるだろう。

会社と結婚しても結果的に何らかのスキルは身につくだろうが、スキル獲得を目的にしている場合と比べて、獲得するスピードと、獲得できるレベルが全く違ってくるのだ。君の時間にも、精神力にも体力にも、限りがある。それを長い年月、会社から言われた仕事でまんべんなく薄く分散して、5年や10年経った先に、君は何らかのプロになっているだろうか？「私はどこに勤めている」と言える人にはなれても、「私は何ができます」と言える人になっているだろうか？

ＡＩ時代ならばなおさらだ。会社は今よりももっとあてにならない結婚相手になっている。会社の中で必要な人間は代替が難しいスキルに集中する。今よりもシビアな時代になっていく。そのタイミングがいつくるのかは業界や企業によって異なるだろうが、ＡＩによる合理化が君たちの時代にやってくるのは避けられない。なぜならば、資本家がより安くて優秀な労働力を選ぶのは自明だからだ。であれば、ますます二極化していく社会において、キャリアの明暗を分けるものはなんだろうか？　それは今まで以上に〝スキル〟であると私は考えている。

大丈夫、不正解以外はすべて正解！

この章で最後に話しておきたいことがある。それは就職活動や転職活動の全般において当てはまると私が信じていることだ。**君にとってのキャリアの正解はたくさんある**ことを覚えておいて欲しい。それは職能の選択においてもそうだが、就職する会社の選択においては尚更そうだ。正解がたくさんあるというよりも、むしろほとんどが正解だと思った方が良い。選んではいけない数少ない不正解があるだけで、それ以外はすべてが正解なのだ。万が一最初の会社で失敗しても、2つ目を選べば良いだけだ。だから、まずは肩の力を抜こう。

私にも覚えがあるのだけれど……。就職活動とは、まるでどこかに1つしかない正解を探して追い求めることで、それを見つけ損なったら人生が大失敗するような不安がつきまとっていないだろうか？　自分に向いた職能や会社、自分の目を開けてくれる上司や同僚、そういう「運命の出会い」というものがあって、どこかにあるそのたった1つの正解を探さないといけないと思っていないかな？　しかし、社会人になるということも、仕事に就くということも、そういうことでは全くない。

認識できるかどうかのチャレンジはあるとしても、そもそも君にもなんらかの特徴というものがすでにある。特徴を活かせる文脈（＝環境）というものは、本当に山ほどあるのだ。たとえば、バイタリティーに秀でて困難な状況でも挑戦し続ける馬力が宝物のAさんは、その特徴が強みにならない職能や職場を見つけることの方が難しいだろう。考えることが宝物のBさんは、〝考えてはいけない／深く考えると損をする特殊な環境〟を回避できさえすれば、その宝物はまさしく重宝されるに違いない。その特徴が宝としてより活かせる職能、そしてそれを獲得できそうな会社を自分なりに見極めて行けばよいのだ。Bさんは、頭ごなしに上に従えという会社や声のデカイ人が勝つ会社ではなく、年齢や性別を問わず「誰が正しいか」ではなくて「何が正しいか」を議論できる会社をいくつか探せば良い。

では不正解とは何か？　**不正解とは、自分にとって決定的に向いていない仕事に就いてしまうこと**である。自分にとって決定的に向いていない仕事とは何か？　それは「自分の特徴が裏目に出る」かつ「自分にとって情熱がどうしても湧いてこない仕事」のことであり、この2つはたいてい連鎖して起こる。自分の特徴が裏目に出る仕事とは、自分のいくつかの特徴を決定的な弱みとして際立たせ、強みとしてはなかなか発揮できない文脈（＝環境）だということだ。そういう仕事では結果的に強みが発揮できないので成果が上がらず、達成感も得られなければ評価も低い。したがって情熱はどんどん枯れて、その2つは連鎖する。

ではどうして不正解をつかんでしまうのか？　もしも決定的に向いていないとわかっていたのなら、普通は最初からそんな会社を受ける選択自体をしない。つまり不正解パターンは、**やってみてから自分に向いていないことに気がつくのが典型的だ。**不正解の不幸にいる人は、会社に入る前と後で大きな認識のギャップを感じている。「こんな会社だとは思わなかった」と。そういう人の真相を突き詰めると、こんなはずではなかったのは会社ではなく、自分自身であることが多いのだ。

不正解をつかんだ原因の大半は、自己分析不足に起因していると私は思う。もちろん相手企業の分析不足や、不誠実な企業が学生を取るために騙《だま》す場合や、はたまた入社後の配属で向いていない職能を強制される場合もあるだろう。しかし、自分の特徴とのマッチングにおいて「決定的な不向き」を察知するのに、本当に実際にやってみないとわからないものなのか？　その不幸を事前に回避することはできないのか？　私は自己分析さえしっかりとやっておけば、大半の不幸は回避できると考えている。そして本命の企業分析もしっかりやれば、ほとんどの不幸は回避することができると考えている。

自己分析をしっかりして軸が明確ならば、面接の段階が上がっていく中で相手企業に自分の向き不向きはちゃんと伝えることができるはず。相手企業もリクルーティングには相当な費用をかけているわけで、適材適所の原則の真逆に君をわざわざ置くなんてことは通常はない。あり得るのは、相手企業に君の特徴や向き不向きを正しく理解させることができていない場合だ。内定を取るために意図的に別人格を演じたのでなければ、それも君の自己分析不足に起因するだろう。

内定を取るために別人格を演じるのは不幸の始まりだ。自分の人格の延長でその特徴を誇張するのは良いが、別人格はお互いの不幸になるので非常にまずい。まあ、君が大女優ならいざ知らず、向こうも仕事なので別人格はたいてい怪しく映る（笑）。内定の確率も下がるだろう。もしも内定してしまうともっと大問題だ。そもそも君の三文芝居に騙されてしまう、そんな会社に入ってしまうことを君はどう思う？　しかも君の特徴を会社が買っていない訳だから、その無理は入社後に遠からず破綻《はたん》するだろう。このゲームは自分にとっての数少ない不正解さえ避ければ勝てるのに、別人格はその珍しい不正解をわざわざ呼び寄せてしまうのだ。

それでもあまりにも自信がなくて、とりあえず嘘でも別人格でも何でもやって、内定を1つでも取らないと始まらないと思っている人もいるだろう。しかし本当に別人格を演じないとどこにも採用されないような人ならば、それはもはや面接のテクニック云々の問題ではない。そもそも就活までの二十数年間をどう過ごしておくべきだったかという人生の反省が必要だろう。もはや短期でどうなるものでもないから、変な方法であがくと状況はさらに悪化するだけだ。本当に強みで勝負して内定を1つも取れないなら、それでも自分が社会の役に立てる働き方を必死に探して、そこから自分の強みを縦に伸ばして人生を仕切りなおせば良い。それは1つのリーズナブルな適材適所であり、不正解を引くよりよほどマシ。求人倍率がこんなに高くて外国人労働者を入れないと経済が回らない少子高齢化の日本だ。君たちが社会に貢献する方法はいくらでもある。

会社がこちらを選んでいるように見えるのだけれど、実はこちらも会社を選んでいることを忘れてはいけない。雇う側の立場が強いように思うかもしれないが、本来の関係性は対等でフェアなはずだ。プライドを持って君らしく勝負することが、中長期での君の成功確率を最大化するだろう。世間の評価や年収や待遇が君にとって最重要な軸でないならば、そういうものに目が眩むことにも気をつけないといけない。そんなものは成功の実績さえ積めば、結果的に後ろからついてくるし、後で仕切りなおす方法もある。あくまでも自分の特徴を活かす！　それができる職能も、そのための職場もたくさんあるのだから。

要するに、たった1つの大正解、大吉を引こうとするな！　という話。大凶や凶を引かなければそれでいいのだ。自分の特徴が強みとして活きる文脈がそれなりにあるのであれば十分、つまりたくさんある小吉や吉を1つ引っ張ってくるだけで十分なのだよ。どれだけ良い会社の内定をとったつもりでいても、そもそも会社が大吉を約束することは不可能だ。会社に入るのはほんのスタートに過ぎない。そしてどんな会社に入っても、自分の弱みは多少は露見するし、失敗もするし、ライバルもいれば嫌な人間も必ずいるものだ。そんな中で、君は負けても転んでも起き上がって、へこたれずにひたすら自分の宝物を磨き続けられるか？その覚悟こそが問われている。大吉かどうかを決めるのは会社ではない、入社後の君自身なのだ。

第2章

学校では教えてくれない世界の秘密

社会人になろうとする君に伝えておきたいことがある。学校では教えてくれなかった、私がもっと早く知っておきたかったと思う、この世界の本質についてだ。

当然だが、学校教育というものは、社会システムのさまざまな意図を汲《く》んで成立している。その時々の「体制」にとって都合の良いことにできるだけ力点を置いて、まだ真っ白な子供の頭の中に世界を刷り込む構造になっている。君は、米国の教育と日本の教育の両方を体験したから、その意図の違いを理解できるだろう。

ここで伝える内容は5つのポイントに絞る。社会へ旅立とうとする君が、この時期に知っておくと良いだろうと思うものを優先した。

予《あらかじ》め断っておくが、今から話すことは、私が実体験の中から暫定的に正しかろうと考えている私自身の現在のパースペクティブにすぎない。それなりの根拠や確信もあって集積してきた知見を伝えるつもりだが、他人とのすり合わせや客観的検証などに担保されていない。あくまでも、私がそう世界を捉えているということだ。

その点はぜひ頭に入れて、私のパースペクティブを金科玉条《きんかぎょくじょう》のように考えて縛られ過ぎないで欲しい。君が私と全く同じ川を渡ることなどないのだから。しかも世界はどんどん変わっている。これからの君の時代はもっと加速度的に変わるだろう。

私個人の知的好奇心としては、実社会を歩く君にとって世界がどう見えるのかについて、非常に強い興味が湧く。親子であっても違う人間だ。世界が全く同じに見えることはないはずだ。私のパースペクティブを遠慮なく君がアップデートして欲しい。君なりの根拠で否定してくれることは大歓迎だ！

そもそも人間は平等ではない

「人間は、みんな同じ、平等」だと、小学校から聞いてきたと思う。しかし私が見てきた世界の真実は、明らかに真逆にできている。**「人間は、みんな違って、極めて不平等」**なのだ。

基本的人権の精神を説明しているならば構わない。しかし、そうであるならば、その根底に「人間は同じではない」という厳然たる事実を据《す》えねばならない。人間が本当に平等にできているならば、そもそも基本的人権など要らないだろう。真実は、人間は生まれながらにしてあまりにも不平等なのだ。だから、せめて最低限のチャンスを「公平」に近づけるように、近現代の人類は基本的人権の概念とそれに準じた社会システムを、安定のための知恵として構築してきたのだ。

考えてみれば、明らかだろう。確かにみんな違って生まれてきている。外見的違いはわかりやすい。背の高い人、低い人。太りやすい、太りにくい。顔の造りの違いは最も如実《にょじつ》だろう。肌の色も違えば、髪質の違いも大きい。外見でわからなくても、運動神経の良い人とそうでない人の差も歴然だ。生まれつきの遺伝子がその運動競技に必要な能力を担保できていなければ、どれだけ努力してもトップ選手になる道を掴むことは生まれながらにして不可能だ。癌や糖尿病のような特定の疾病も、なりやすい人となりにくい人では遺伝子に生まれつきの差がある。それどころか大きなハンディキャップをもって生まれてくる人もいる。

当人の責任とは全く関係なく、人は生まれつき違っている。同じでも、平等でもない。みんな違って、極めて不平等に世界はできている。まずはこの事実を直視しよう。

ある意味で身体的能力の差異よりも、大きな格差を生むのが「知力の違い」だ。私はさまざまな統計データを扱う仕事をしてきたので、定量データの中にある世界の残酷な真相をいくつも見てきた。もちろん人間の知性をどう測定して比較すべきかという議論はさまざまにあるが、生涯年収などの経済的成功の度合に最も相関するのが知力の格差だ。それはすべての生物の中で人間を人間たらしめている最大の特長が知力だからであろう。

人間の両腕がどれだけ優れていても空を飛ぶことはできないし、脚がどれだけ強くても馬には敵《かな》わない。しかし人間が知力を使えば飛行機でも自動車でも創り出せるように、限界知らずの可能性を持っているのが知力だ。だからこそ、その差によるインパクトは大きいのだ。

東大生の親は世帯所得の平均値が高いことがデータとしてよく使われる。格差が世代を超えて連鎖して増幅している1つの論拠として挙げられるケースが多い。私も裕福な家庭で育った訳ではないので、情緒としては言いたいことはわかる。裕福な家庭だから恵まれた教育を施せる、知性を高めるのに有利だから東大に入りやすい、つまり不公平だと言いたいのだ。

そして表層的な友愛論者はこういう。「貧しい家庭に広範囲に経済支援や福祉をもっと手厚く充実させなければ、経済格差が教育格差となり、世代間の貧困の連鎖に拍車がかかる！」と。確かに経済格差は子供にとっては不公平であり、世代間の格差の連鎖を加速する要素ではある。しかし、実はもっと不公平で残酷な問題がある。それは経済格差よりも、異次元的にどうしようもない、埋めようがない残酷な格差。それは生まれつきの「知力の格差」である。

東大生の親の平均世帯収入が多いのは、本当は東大生の親の「知力」が高いからだ。知力の高い人が社会で成功して、似たような知力の高い相手と結婚し、その世帯が高い知力のおかげで平均よりも稼いでいるに過ぎない。その子供も親の遺伝子のおかげで知力が高く生まれる確率が高いということだ。高収入によって後天的に恵まれた教育環境がその子供にとってプラスなのは間違いないが、それは副次的であって本質的ではない。生まれつきがどんなにボンクラでも、最高の家庭教師が教えれば東大に入れる訳ではないことを考えれば理解できるだろう。むしろ本当に頭が良ければ、これだけの奨学金のオプションもある社会では、苦学をすれば国立大学には入れるし、卒業もできる。現にそういう人はたくさんいる。**経済格差は、原因ではなく、知力の格差がもたらした結果に過ぎない**。

それら先天的な格差に加えて、さらに後天的な格差がその差を増幅する。たとえば、私立中高一貫校の高い教育水準の中で勉強できる子供もいれば、同じ時代に学校の給食費さえ払えない家庭で育つ子供もいる。守ってくれる親さえいない子供もいるし、親に虐待《ぎゃくたい》され続けている子供もいる。対照的に親が有名というだけでいきなり芸能界デビューできる子供もいるし、親の財産のおかげでロクに働きもせずに裕福に暮らす子供もいる。平等どころか、本人の意志や責任に関係なく、この世界はスタートラインで不公平で残酷な差がいくらでもある。

君には、身も蓋《ふた》もない話に聞こえているだろうか？　でも、私にとっては真逆なのだ。この事実は、実に私をワクワクさせてくれる！　こんなふうに世間と真逆のことを言うから私は変人扱いされるが、本当にワクワクするのだから仕方がない。

そこには私なりの理由がある。先天的な特徴、後天的な環境、その組み合わせ、どれもが極めてユニークであるという事実は、**自分のユニークな特徴さえ認識できれば、一人一人が特別な価値を生む可能性がある**ということに他ならない。別の言い方をすれば、一人一人が違うから、一人一人が面白いし、一人一人に価値があるということだ。繰り返すが、最も大切なのは、自分の特徴をより早くより明瞭に認識することだ。それさえできれば、その特徴が活きる文脈を探して泳いでいくだけで、君はこの世界でユニークな価値を生み出すことができるだろう。

人間は同じではなく、生まれつきすべての人間に違いがあり、生まれた後の環境にも大きな違いがある。最初から平等なんてあるわけがないのだ。言ってみれば「運」であり「確率」によって、自分という人間のオリジナル・スペックはほとんど決まっている。そこから自分が左右できる程度はものすごく大きいのだが、その領域そのものは実は非常に限られる。自分が変えられるのは、自立するまでは与えられた環境でどれだけ持って生まれたものを活かせるかということであり、自立してからは持って生まれたものを活かせる環境（文脈）にどれだけ能動的に泳ぎ着けるかということぐらいだ。

君がコントロールできる変数は、①己の特徴の理解と、②それを磨く努力と、③環境の選

択、最初からこの3つしかないのである。この事実を直視することは、君にとってのキャリアの勝ち筋を見つけるための大切なスタートラインになるだろう。君がこれから積み重ねる努力のフォーカスは、この3つしかないというのが、君に伝えられるパースペクティブの1つだ。

君もワクワクして来ないかな？　そもそも君は、生まれた瞬間から、世界の誰とも違う、他の誰でもない「君」という人間だったのだ。これは実に素晴らしいことだと私は思う。それに気づけば、人と比べる必要なんてない。まして凹んでいる暇などない。君のやるべきことは、ざっくり言うと、君の持って生まれたものを最大限に活かすことだけであるとわかるだろう。

君は、他の誰でもない、立派な君になるんだ！

資本主義の本質とは何か？

どんな物事にも必ず本質がある。その本質によって構造が決まり、その構造に従って複雑にさまざまな現象が生まれてくる。「本質→構造→現象」の順に上位が下位を拘束《こうそく》している。本質を理解することができれば、その物事が今後どのような変遷を辿るかさえも、ある程度は予測することができるだろう。もし分析力を武器にしたいのであれば、現象に囚われず構造を診る力、それらの構造から本質を見抜く力を養わねばならない。

君が暮らしているこの社会は、他の多くの先進国と同様に社会構造が「資本主義」に根差している。君はこの資本主義社会の本質が何であるか、じっくり考えたことはあるだろうか？　自分が当たり前に暮らしている社会の原理である資本主義の本質をシンプルに理解しておくことは、社会に旅立とうとしているこの時期に相応《ふさわ》しいであろう。資本主義について、私なりのパースペクティブを述べたいと思う。

資本主義の本質とは何か？　**私は、資本主義の本質は人間の「欲」**だと考えている。人間の欲はさまざまにあるが、たとえば、最も基本的な「より便利で、より快適な暮らしがしたい」という欲のベクトルは、人類の歴史の中で決して逆行したことがない。馬から自動車へ、固定電話から携帯電話へ。アマゾンに代表されるEC革命や、AIによる自動運転も。これまでもずっと、これからもずっと、人々はもっと便利でもっと快適なモノとサービスを求め続けるだろう。そのベクトルに沿ったイノベーションが繁栄するのは必然なのだ。人間の欲の本質は原始時代から大きく変わらないが、その欲を満たす方法は科学の発展と共に大きく変わっていく。私には、そう遠くない未来にAIで自動制御されたドローンユニットで寝たまま空を飛んで通勤している人類の未来がリアルに想像できるのだ。

資本主義は、人間の「欲」をエネルギー源にして、人々を競争させることで社会を発展させる構造を持つ。欲を人質にして人々を競争させることで、人々に怠惰《たいだ》や停滞を許さず、生き残るために常に進歩と努力を強いていく構造になっている。「欲」をエネルギーにすることでより多くの「欲」を満たすループ構造になっているのだ。非常によくできていると思う。もちろん欠陥も問題もあるので完璧には程遠いが、他にいくつもある失敗した社会構造よりも、人間の本質を相対的により満たしやすい。だから結果的に資本主義が最も発展して来たのではないかと私は考えている。

資本主義は「欲」を本質とし、「競争」が主な構造だ。そこに先述した「人間は平等ではない」という真実を重ね合わせると、君の生きているこの社会がより明瞭に理解できるようになる。そもそも不平等である人間が競争しているこの社会が、まさか平等である訳がないということは理解できるだろう。誰かのために都合よく作られている可能性を疑ってみるのは1つのまっとうな知性だ。この社会は個人を平等には扱わない。その人が生み出す価値の違いによって、扱いには残酷な格差があるのだ。

法的に（殺されない権利という意味で）すべての人の命を平等に扱うのは人権の基本概念ではあるが、人の命の価値がみんな平等だと心の底から信じている人は、完全にお花畑に住んでいることになる。現実には人の命の価値は同じではなく、厳然とした差がある。概念的な話としてどう思いたい人がいても構わない。私の目はただ現実を見ている。その人が死んで周囲が困る度合は、人によって雲泥の差がある。社会的に死ぬことを期待されている死刑囚のような命さえもある。現実を見よう。人の命の価値は、社会にとっての有用性において歴然とした差があるのだ。何度も言うが、人間は平等ではない。

もちろん生命の保証以外にも、最低限のチャンスだけは公平に近づけるように社会システムはできている。教育を受ける権利、基本的人権、法の下の平等、選挙権や参政権、生活保護など。しかし、それらはどれもが最低ラインで設定されている。当然だ。競争して成功している人に比べて、それらの最低ラインがより多くの「欲」を満たすならば、資本主義社会は成り立たないからだ。つまり、競争のチャンスだけを公平に近づけておけば、競争の結果に対しては勝利者に報いて、敗者が最低ラインまで落ちることを、「良し」とするのが資本主義社会だ。能力の差によって経済格差が生まれることを認め、平等の不平等ではなく頑張った人が報われることを「公平」としている。

その資本主義社会においては、大きく分けると2種類の人間しかいないことを知っておかねばならない。自分の24時間を使って稼ぐ人と、他人の24時間を使って稼ぐ人。前者を「サラリーマン」と呼び、後者を「資本家」と呼ぶ。資本主義とは文字通り、後者の資本家のためにルールが作られた社会であることを知っておかねばならない。わかりやすく言うと、**資本主義社会とは、サラリーマンを働かせて、資本家が儲ける構造のこと**だと言える。サラリーマン側で人生を過ごした人と、資本家側で人生を過ごした人の、生涯年収の平均値を比較すると、桁数がいくつも違う結果になる。この極端な差には本当に驚くが、それが現実だ。

ではサラリーマンと資本家では、生涯年収の差ほど能力が違うのだろうか？　たとえば知力なども大きく違うのだろうか？　私は決してそうは思わない。多くの大資本家にも、資本に関連する仕事に就いている人たちにも会ってきた。彼らは確かにスマートな人が多い。しかしながら、サラリーマンの中にも知力（IQ）という意味ではずば抜けた人は数多くいるのである。私の古巣のP&Gにも頭の良い人は山ほどいた。しかし全員が疑いもなくサラリーマンを喜んでやっていたのだ。これはなぜか？

これこそがパースペクティブの差であり、その限界だ。人間は、自分が知っている世界の外を認識することができない。親がまじめなサラリーマンの子供は、その人生において、まじめなサラリーマンで一生過ごすことがパースペクティブになっている。だから、サラリーマンが働いて生み出した多額の価値を、その外で資本家たちが山分けしていることを意識できない。自分も向こう側の世界に行こうと思えば行けるのに、パースペクティブに無ければそのオプションを意識すらできないのだ。覚えておいた方が良い。**資本主義とは、無知であることと、愚かであることに、罰金を科す社会のことである**。

よく考えれば、**日本の教育システムも、大量の優秀なサラリーマン（労働者）を生産するように作られている**。良い成績をとって、良い大学を出て、大きな会社に入って、安定した生活を送る、それが幸せな成功者の目指す道だと。昭和の高度経済成長時代の〝呪い〟はまだ色濃く残っていて、今も多くの人のパースペクティブだ。遅刻はしない、出された宿題は期日までにする、周囲と仲良くするなど、小さい頃から学校で叩き込まれるそれらの〝美徳〟を育む習慣は、「規律ある優秀な歯車」をつくるのに実に都合が良い。部活動でさえ、先輩を過度に敬って、理不尽に対する免疫力を上げて、将来の上役に従うための忍耐力のトレーニングをしているようなものだ。

今のサラリーマンはかつての「奴隷《どれい》」と違って職業選択の自由を与えられている。だから決して奴隷ではないが、わかりやすく説明するために「奴隷」という言葉を敢えて使うことを赦《ゆる》して欲しい。かつて労働者を「奴隷」のように扱っていた時代がある。その時代に資本家が大量の奴隷を使って儲けていた構造と、今の資本家が大量のサラリーマンを使って儲けている構造は、本質的には大きく変わらない。今の資本家の方が、基本的人権のせいで人件費を多く払わされているだけだ。

日本の学校教育システムでは、こういう視点を一切教えない。外の世界にできるだけ気づかせないようにしているのではないかと疑ってしまうほどだ。今日も優秀な労働力を大量生産すべく教育システムが機能している。生産された子供の多くは、勤勉なサラリーマンとして生きていくことに何の疑問も持たず、大人しく会社に就職し、社内で認められていく自分に満足し、サラリーマン階層の中で少しずつ昇進していく自分に次第に気持ちよくなっていく。

そして気がついたら40代を迎えて、捨てるには惜しく思える〝ほどほどの待遇〟で牙はとっくに抜かれている。サラリーマンとして成功すればするほど、転職したり、脱サラして起業したり、そんなリスクは負いたくなくなる構造の中で手足をからめとられる。かくして、極めて優秀な特徴を生まれつき持った人も、サラリーマン・パースペクティブの中だけで人生を終えることになる。

しかしながら、どれだけサラリーマン社会の組織ピラミッドの中で偉くなろうと、年収を2000万円とろうと3000万円とろうと、その外にいる資本家から見れば歯車は単なる歯車だ。それに気づいた私は大きな組織で偉くなることが全く魅力的に思えなくなった。課長とか、部長とか、社長とか、そんな肩書は、優秀な歯車を気持ちよく働かせて檻《おり》の中に閉じ込めるための呼称に過ぎないからだ。実際に名刺の肩書を自慢して生きている人がこれほど多い現実を見ると、資本家のつくった階層ピラミッドがいかに人間の本質を巧妙に衝《つ》いているかを思い知らされる。

自分に勝るとも劣らない優秀な人間をたくさん集めて、ピラミッドの階段を登らせて気持ちよく働かせ、最後に圧倒的に儲けるのは資本家である。何度も言うが、この世界は平等ではなく、資本家のために都合よく構造が作られている。それが「資本主義」だから、その帰結は全くの必然だ。1つ例を挙げるなら、汗水垂らして働いたサラリーマンの所得にかかる最高税率は5割をゆうに超えるが、汗を一滴も流さない資本家の株式配当に対して税は2割しかかからない。そういうことはちゃんと知っておいた方がいい。

私は、資本家の強欲を批判したいわけでも、サラリーマンの人生を否定したいわけでも決してない。すべての人間が資本家になるべきとも、なれるとも言っていない。サラリーマンとして大きな組織に加わらないと成し遂げられないやりがいのある事業もきっとたくさんあるだろう。君に伝えたいのは、**サラリーマンの外に資本家の世界があることを知った上で、自分を活かす機会にアンテナを張れる人であって欲しい**ということだ。その結果、君が幸せになるための選択が、資本家を目指すことでも、サラリーマンとしてキャリアを終えることでも、どちらでも良い。

サラリーマンの外にも世界があること、資本家として成功すれば桁違いのリターンがあること、その資本家の世界は自分とはかけ離れた別世界ではないこと（後述するが、資産を持たないサラリーマンが資本家に成り上がる方法は実はいくらでもある）。それらのことを君にはキャリアの最初から知っておいて欲しい。肝心なのは、**資本家の世界を射程圏に見据え**

るパースペクティブを君が持っているかどうかだ。私はグレン・ガンペルと出会ってUSJに転職した30代半ばまで、そのことに気づけなかった。

最初から知っていたならば、間違いなくもっと早くもっと多くのチャンスを認識することができただろう。しかしあのまま気がつかずにP&Gに居続けたらどうなっていたかを想像すると、何歳になろうがパースペクティブが拡がるのに遅すぎることはないと実感している。心地よくなってきたときこそ、環境を大きく変える挑戦がキャリアの向上に極めて有効だとつくづく思う。

君の年収を決める法則

人の年収はどうやって決まるか？　実は君が職業を決めた瞬間にほぼ自動的に決まってしまうのだ。そのメカニズムを知らないで就職してしまうことは避けた方が良い。どのような決断をするにせよ、自分の選択が将来の年収の期待値にどのような結果をもたらすのかをわかった上で決めた方が良いのだ。その方が社会に飛び出した後に後悔が少なくて納得しやすいキャリアを歩いていけるだろう。ここでは君の年収を決めている3つの大きなドライバーを紹介し、最後に私からの助言も加えたいと思う。

まず3つのうち**最初のドライバーはその人の「職能の価値」**だ。モノの値段が決まるときと同様に、その人の持っている職能（スキル）に対する需要と供給で年収が決まる。今よりも需要が増えれば価格は上がり、今よりも供給が増えれば価格は下がる。人の年収もその原理と根本は全く同じで、需要が高い職能を持つ〝代替がききにくい人〟の給料は高く、その逆は低くなる。わかりやすく言えば、営業職能を身につけるのか、マーケティング職能を身につけるのか、はたまた法務職能なのか、人事職能なのか、それらの違いで職能につく値段が違うということだ。当然、スキルの需要が大きく、供給がレアであればあるほど、年収は高くなる。

したがって、自分の給料が上がらないのは、自分の価値が上がっていないことに起因している。似たようなことを繰り返し、慣れてきて仕事が速くなっていたとしても、1年前の自分と比べて顕著に何か新たなことができるようになったかを考えてみれば良い。あくまで年収はスキルの需要と供給で決まるのであって、年功序列の時代の残像を求めて定期昇給を期待していいのは労働組合くらいだろう。少なくとも君は己のスキルの研磨を怠ってはならない。

2つ目のドライバーは所属する「業界の構造」だ。同じ職能でも、産業や業界の構造によって、たくさんの給料を払える場合とそうでない場合が存在し、それは各企業や経営者が自由に決められるように見えて、本当は自由にはならない。払える人件費にはその業界特有の構造的な限界があるからだ。当然だが儲かっている業界や企業の方が年収は高くなり、そうでない場合は逆になる。

たとえば、カレー屋の大将の年収は、だいたい同じになる。カレー屋だけの話ではない。

街によくある喫茶店のマスターの年収もだいたい同じだ。うどん屋の大将の年収もだいたい同じで、八百屋の大将の年収もだいたい同じ。ケーキ屋も、たこ焼き屋も、開業医も、歯科医も、弁護士も、マスコミも、化粧品会社も、都銀の銀行員も、日系家電業界の製造業も、市場構造を同じくする同業者はだいたい似た年収に集約されていく。

これはなぜか？　市場構造が払える人件費を決定しているからだ。カレー屋を経営するにあたって、本当は自由にならないことがほとんどだ。まず原材料費。仕入先や製造コストを工夫したとしても限界があり、各店がそれなりに工夫するので結果は似てくる。同様に、従業員の人件費、店舗維持費なども似てくる。そもそも一皿のカレーの値段は消費者の値頃感を大きくは外せないので値段もだいたい似てくる。市場構造が似ているので、結果として手元に残る大将の取り分である年収もだいたい同じになっていく。

したがって、自分の会社から同業界の似たようなポジションで別の会社に転職するという選択は、年収という観点では同じような給料しかもらえないことになる。年収を上げるために転職するならば、「自分の職能が活きる」かつ「もっと給料が払える他業界へ転職する」というのが正しい。市場構造が変わらない限り年収は大きくは変わらないからだ。

3つ目のドライバーは「成功度合による違い」だ。同じ職能でも、同じ業界でも、成功の程度によって年収は変わる。カレー屋の大将の年収は、繁盛《はんじょう》の度合によって変わってくる。サラリーマンならば、年収200万円の人と2000万円の人の違いは、その人がどれだけ重要で代替不可能な能力を有しているかによって決まっている。経営陣や資本家サイドにどの程度「自分の価値」を信じさせることができるかが、サラリーマンにとっての成功度合とも言える。

以上の3つのドライバーを組み合わせて人の年収は決まっている。どの職能を選ぶか？どの業界を選ぶか？　そして自分がどの程度成功できるか？　この3つをちゃんと考えた上で就活や転職を進めなければならない。

わかりやすく言うと、君がどの職能を念頭にどの業界のどの会社に就職するかを選んだ時点で、将来における君の年収はほぼ自動的に決まっていることになる。もちろん、どの程度自分が成功するかによって差異はあるが、それすらも成功した場合の上限と失敗した場合の下限が決まっているので、学生なりに注意深く分析すればその上下幅を予測することは難しいことではない。

職能による違いも業界による違いも、就く仕事によって期待できる年収には実は何倍どころでない差異があることを知っておいた方が良い。たとえば、一般論としては、金融業界の年収は、製造業界よりもはるかに高い。それは金融業がお金でお金を撃ち落とすビジネスモデルであり、製造業のように事業の拡大に大きな設備投資が要らない（資金を固定してしまう工場や在庫を持たなくて済む）〝構造〟を持っているからである。プロ野球選手の平均年収の方がプロサッカー選手の平均年収よりも高いのも、プロ野球の方が1年により多くのイベント（試合）をこなせるという構造を持っているからだ。

世界の法則としてここまでを受け入れた上で、私が君に助言したいことが2つある。まずは、**年収の期待値の上下を知った上で、それでも自分にとって情熱を持てる好きな仕事を選ぶべき**ということだ。それはなぜか？　好きでないと3つ目の成功度合を上に持っていくことが困難だからである。仕事というのは辛いことの方が多い。たとえ好きなことを選んでも、辛いことやしんどいことの連続が待っているのに、お金のために好きでもない仕事を選んでも成功できる訳がないと私は思う。職能と、業界の構造で、たとえ年収の期待値が低い仕事を選んだとしても、別の仕事を選んで失敗するよりも獲得収入はずっとマシになるだろう。どの業界だろうが、どの仕事だろうが、その世界で成功することが重要、早く一角《ひとかど》のプロになることが重要なのだ。

その次に覚えておいて欲しいのは、**どの業界でもある程度のプロになれば、それまで培ったスキルと実績を土台にして〝職能のステップアップ〟が可能になる**ということだ。たとえば、カレー屋の大将は、そのノウハウ自体を売るビジネスモデルにステップアップできる。フランチャイズ・カレーチェーンのオーナー社長という仕事に就くこともできる。そうなれば、カレー屋の大将とは全く違った構造になるので、年収の期待値は異次元に変化する。ちなみに私が太っていた0.1トン時代に残業でよくお世話になった「カレーハウスCoCo壱番屋」も、最初は1店舗のカレー屋から始まって、今では一大フランチャイズチェーンに発展している。

すべては、自分が成功する確率を高めるために、年収の期待値がわかった上で、敢《あ》えて情熱を傾けられる好きな道に進むことだ。そこでの成功を足掛かりにして、職能や業界の構造を飛び越えてステップアップする。成功を積み重ねれば、キャリアのステップアップがどんどん可能になり、お金は後からついてくる。成功→お金なのであって、その逆では決してないことを忘れてはならない。

就活も転職も、最大限に追求すべきは、自分自身の成功確率を最大化することなのだ。そのためには、**自分にとっての成功を定義づける目的を明確にしなければならない**。しかしこの日本には、自分が何をしたいかわからない、その目的を決めること自体を躊躇してしまう、そんな学生で溢れていることを私は知っている。でも大丈夫だ。その対処方法については後の章で詳しく話そう。目的は暫定的でも、将来に変わっても構わない。今、この瞬間に自分なりの最大限の答えを出すことが、後悔のない選択のために必要なのだ。

持たない人が、持てるようになるには？

先日、ある大学のゼミ生から唐突にこんな質問をもらった。「森岡さん、持たない人間が、持てるようになるにはどうしたら良いか教えてください！」。あまりに唐突だったので、私は最初「モテない人間が、モテるようになるにはどうしたら良いか」と聞かれたのだと思った。私はそういう恋愛に関する質問を受けるべき地球最後の人間なので戸惑った（笑）。それにしても、君の世代の人であんな目をした人に出会うことは珍しい。異様にギラギラしたその目が印象深かった。日本の未来を少し明るく感じた。

「欲」の強さは正義である。欲を求める力、すなわち欲求の強さはこの世界を生き抜くためのその人のエネルギーの強さに等しい。なぜならば、この資本主義社会を動かしている本質が人間の「欲」だからだ。物欲や権力欲などさまざまな欲があるが、欲のない人間はいない。どんな宗教家も聖人も何らかの欲を必ず持っている。できるだけ欲を持たないようにしている人は、欲を満たせない苦しみや、実現できない自分に落胆して傷つくことから逃げているだけかもしれない。欲の全くない人間が本当にいるとしたら、それは『NARUTO-ナルト疾風伝』の世界におけるチャクラが全くない忍者のようなものだ！　生きていけない！　だから私は欲と野心に溢れたこの若者のような目を見ると楽しみになる。君も欲に対して強く正直に生きて欲しい。

彼の質問に対しては、「本当にぶち抜けたいなら、資本家に成り上がるしかない」と私は答えた。

資産を持って生まれていない人間が、この現代社会において巨大な資産を手に入れる方法は、なんらかの方法で**資本家に成り上がるのがベスト**だ。私はそう考えている。なぜならば、既に話したように、この社会構造が資本家にとって都合良く作られているからだ。どんな目的を達成するにしても、戦場の地形ともいうべき、社会構造をうまく利用するに越したことはない。資本家に成り上がるのは簡単ではないが、リスクとリターンを考えれば、その社会構造上の有利を考慮すると最も確率が高いのではないか。少なくともなけなしの金を握りしめてカジノや競馬で運に任せるよりも、9割を捨て続けて宝くじが当たるのをひたすら待つよりも、サラリーマンとして終盤に奇跡が起こって稼げる未来を祈るよりも、よほど確率が高いのは言うまでもない。

もちろん資本を持っていないと資本家にはなれない。大きな資本を動かせるようになるのは簡単ではないが、資本家になること自体は、誰にとってもそれほど難しいことではない。

資本家になる最も簡単な方法は上場されている株式を買うことである。バイトでも自営業でも会社勤めでも何でもやって、稼いだ貯金を種籾《たねもみ》にして、企業価値が上がるだろうと自分が信じる会社の株を買うのだ。株は過去数十年の世界の年平均で7〜8％儲かっている。だから眼力と運が偏差値50程度あれば、これからの数十年も同程度に儲かると考えるのは1つの論理的な考え方だ。平均7％程度で回すことができたら、元本は10年でおよそ倍、20年でおよそ4倍になる。ただし、全く働かなくても食べていける状態を目指したい人は、7％の運用実績を想定して700万円程度の税前収入を得なければならない。そうなると約1億円もの手元資金が必要になる。

ここで資本主義社会において株を買う意味を、君にももう少し理解して欲しい。**株を買うことは、その会社のオーナーになることだ。**それは、自分の24時間を使って稼ぐサラリーマンではなく、他人の24時間を使って稼ぐ資本家への仲間入りを意味している。もっとわかりやすく言えば、ソフトバンクの株を買うと孫正義さんを君の部下のように働かせていることになる。アマゾン・ドット・コムの株を買うとあのジェフ・ベゾスさんを、君のために働かせていることになる。株を買う＝その会社のオーナーになる、とはそういうことだ。君の24時間ではなく、その会社で働く経営陣から従業員の24時間を君のために働かせることができる。

しかし、残念なことに、日本社会は株式への投資に非常に臆病な人が多い。金利もほとんどなくて都度の手数料ばかり取られる銀行の普通預金に、無駄に貯まっているお金が多すぎる。先進国の中でも個人資産がこれほど投資に回らない国も珍しい。その状態はずっと続いている。バブル崩壊やリーマンショックの記憶が生々しいかもしれないが、それを含めても過去数十年の歴史の平均では年利7〜8%で株は儲かっている。短期での凸凹はありながらも世界経済は長期では成長してきた。にもかかわらず「損するのは嫌」という心理だけで思考停止している人が山ほどいる。

投資を投機と混同しており、投資をしないことのリスクを考える人は少ない。資本主義が世界で最も発展している米国では、個人資産に占める投資の割合は約5割に及ぶが、日本ではなんと2割に満たない。先進国ではこの割合は最低水準だ。貯蓄が投資に回りにくいことが社会の発展にマイナスなのは言うまでもない。

多くの日本人が資本家に少しでも近づこうとする意志が欠けている。君が寝ている間に君のお金に働いてもらうという発想が多くの日本人にはないのだ。これは日本社会が、資本主義のなんたるかを家庭や学校でしっかりと教えていないからだと思う。日本の証券業界のマーケティングが長年にわたって機能してこなかったとも言えるだろう。富裕層を狙った個人ベースでの根性営業も必要だが、それだけでは欧米並みに個人資産を掘り起こして投資に回し社会発展に繋《つな》げることはできない。必要なのは日本人の意識改革によって、投資へ向かう個人貯蓄の裾野《すその》を拡げることだ。早く日本人の頭の中を変えなくてはならない。それこそがマーケティングの仕事なのだ。

さて、株も資産形成の1つのポートフォリオとしてやるべきだと思うが、私は君に株を買わせるためにここまでの話をしてきたわけではない。君のパースペクティブをある領域まで拡げることを目的にしている。資本家に成り上がるために、種籾を使って上場株式の売買を着実に行うよりも、もっと劇的な一攫千金のチャンスがあることを、頭の片隅で良いから認識しておいてもらいたい。

それは、**成功報酬として企業の株を個人として持つ**という考え方だ。はっきり言って、何億、何十億、何百億、何千億という桁の個人資産を形成したいなら、油田や徳川埋蔵金でも掘り当てる運や能力がないのであれば、現代においては、これよりも可能性がある勝ち筋はないと私は思う。主なパターンは2つある。

企業の株を成功報酬として持つ場合で、一番わかりやすいのは〝創業者〟型だ。孫さんや、ベゾスさんのように、まず会社を起業して、その会社の企業価値を高めて、その会社を上場あるいは第三者に売却して、創業者メリットとして株式の売却益を得るというパターン。起業時はもともと価値がゼロだったものが、何千億や何兆円にもなった場合は、もしその50％でも持っていたらとんでもない資産家になる。0・1％でも持っていたら一躍超富裕層の仲間入りだ。

そんなに大きな会社を創業できなくても、たとえば、資本金100万円で起業した会社を10億円で売却できれば一撃で富裕層になれる。数年で小規模の会社を創っては誰かに売り、また創っては売ることを繰り返しているプロ起業家もたくさんいる。私も起業してみて実感したが、株式会社は思った以上に簡単に作れるのだ。資本金は少額にしたければ数万円からでOKだし、当初の手続きの総費用は20〜30万円程度あれば何とかなる。さらに合同会社なら設立手続きはもっと簡単に済む。もちろん、設立や維持や管理、税務など、ややこしいことも増えるが、ちゃんとヤル気があれば全く問題ない。

もう1つは、〝経営改善〟型だ。これは労働者から資本家に成り上がる典型的な道筋でもある。一度業績が悪化した会社や、企業価値を大きく上げたい会社の株やストックオプションをもらい、経営改善に参画し、業績向上後に株を売却して成功報酬を得るパターンだ。業績回復の前後のギャップが大きければ大きいほど、創業者型に比肩しうるとてつもない額の成功報酬になる場合もある。近年ではＵＳＪの元ＣＥＯグレン・ガンペルが稀に見る成功例だろう。実は私もこのパターンでＵＳＪの経営再建に参画していた。

大事なことは、このように株を分けてもらえるお誘いが自分に来るようになるには、どうすれば良いかということだ。資本家にとって力と富の源泉である、虎の子の株を分けてもらうのだから、そう簡単に絡める訳がないのは理解できるだろう。当然だが、その人がいないとどうしても業績改善ができないと資本家側の人間たちに思わせるだけのスキルと実績が前提となる。普通にヘッドハントされる場合よりもレアなケースになるので、自分の市場価値（個人に対して労働市場がつける値段）が相当に高いことが必要条件ということだ。

そのためには、職能を磨き続け、プロとして顕著な結果を出し、実績で労働市場での評価を上げていくしかない。つまり、どこで何をしていようとも、労働市場での自分の市場価値を常に意識していなければならない。社内評価だけで喜んでいてはダメで、転職するしないにかかわらず、自分が外に出るとどのくらいの値段がつくのか、有力なヘッドハンター数人と繋がって定期的に話を聞いておくべきだろう。その繋がりは意識向上だけでなく、明日何が起こるかわからないような緊張感のある職場に身を置く場合にも役に立つ。

　P&G時代の私はサラリーマン・パースペクティブの中に100%いた。大きな会社だったP&Gの中では、概念以上に株主の気配を感じることはなかったし、ピラミッドの中で自分の能力と経験を上げることを追っていて、その外の世界に気づくことはできなかった。P&Gをいつか卒業するつもりではあったが、何らかの大きな成果を出して名を上げて、その後はきっとどこかの会社で雇われ社長になって、サラリーマンとしてのキャリアを続けるものだと思っていた。

　もっと有体《ありてい》に言うと、そのときにそう思っていたのではないかと想像しているのは、今の私である。その当時の私は、あまりにもそれが当たり前すぎて、意識してよく考えることすらなかった。パースペクティブの中に囚われるとはそういうことだ。**認識していないものは、そこにあるのに見えないのだ！**

　そんな私が、資本主義の仕組みと資本家の存在、そして彼らがどのような錬金術を使うのかを知ったのは、P&GからUSJに転職する際である。かのグレン・ガンペルが私に気づかせてくれたのだ。ちなみに私も（グレンに比すと砂粒のようではあったが）この〝経営改善〟パターンの成功報酬で招かれた。どんな話をしたと思う？　「森岡さん、この資本主義社会には2通りの人間しかいない……」という話だったのだよ（笑）。そのときに初めて自分が知らない世界の存在に気づいて、私は「成功報酬として株を持つサラリーマン」になった。結局私はＵＳＪを辞める44歳までサラリーマンを続けたことになる。

再建の使命を完了してＵＳＪを辞めると発表した途端《とたん》に、もっと大きな成功報酬型オファーでのお声がけをたくさんの大きな会社から頂いた。しかし私は、サラリーマンの延長線上にあるキャリアにはもはや魅力を感じなくなっていた。今まで何度も成功させてきた、壊れたレールを直す作業を繰り返すよりも、自由にゼロからレールを敷くことに挑戦して、自分の世界をさらに拡げたくなっていたのだ。

私はやりたいことを実現する自由なプラットフォームを求めて、志を同じくする精鋭を糾《きゅう》合《ごう》して「刀《かたな》」という会社を創った。そのときにＵＳＪをV字回復させたことで頂いた成功報酬が軍資金になった。そのお金で守りの人生に入ることもできたが、それは私の選択ではないので「刀」にすべてを賭けた。あれから2年経って、なんとか「刀」の船出は成功したが、ようやく資本家の側に回った段階に過ぎず、こちらの世界は知らないことだらけだ。だから最高にワクワクしている。

実際にやってみると、起業して資本家になる世界も、それはそれでとても大変なことがわかる。私は創業期の社長という労働者も兼務しているから当然だが、はっきり言ってサラリーマン時代の何倍も働いている。３６５日、24時間、自分のビジネスから離れることがない生活になった。他人の24時間で稼ぐ資本家とはまだまだ大違いだし、スリルも不安も何十倍に感じている。多くの仲間の生活にも責任を持つのだから当然だ。会社に期待されたことを堅実にこなして月給をもらうサラリーマン人生を続けた方が、ずっと楽なのは間違いないだろう。

しかし起業する苦労に見合う大きな〝やりがい〟も同時に感じている。その〝やりがい〟のエッセンスは、自分たちで本当に道を選べる「自由」に集約されると思う。

サラリーマン社会では、自分が正しいと信じることと違う意志決定が成されることは日常茶飯事だ。そこに何らかの筋が通った理由があればまだ我慢もできる。しかしながら、往々にして起こる、理由不明な決定や自分の信条とどうしても相容れない決定に付き合うことを甘受しなければ、サラリーマン人生を全うすることはできない。20年以上もサラリーマンを続けて、その我慢の経験はもう十分に積んだし、結果も十分に出した。一度しかない私と仲間たちの人生のこれからを考えると、どうしても自分たちの志のままに歩いてみたいと思った。起業するリスクを冒してまで私が手に入れたかったのは、その「自由」だ。

この世界はまさに、私の好きな言葉、**Everything has cost**が意味するとおりにできている。サラリーマンには特有の苦労があり、起業してもまた別の特有の苦労がある。貧乏には特有の悩みがあるように、資産を持てばまた別の特有の悩みが出てくる。資本家になるべきとか、サラリーマンになるべきという単純な答えがある話ではない。**大事なことは、自分に合った苦労を選びやすくするために、できるだけパースペクティブ（本人が認識できる世界）を広く持つこと**だ。もしサラリーマンに向いていない人が、サラリーマン・パースペクティブの世界しか知らなければ不幸は続くだろう。その逆もまたしかり。自分にとってより適した生き方を選べるということが大切だ。君自身が一度きりの人生を好きなように生きるために。

会社の将来性を見極めるコツ

資本家になりたいのであれば、今すぐ起業して資本家を目指すことは可能だ。そのためのアイデアとバイタリティーがあるなら、君もぜひ挑戦してみればよい。早すぎるなどということはない。不安やストレスも、取るリスクの程度で調整すればいかようにも無害化できる。大学生だろうが、高校生だろうが、やりたいことにどんどん挑戦すべきだし、実際にそういう起業家もいる。

本気でやればやるほど、成否にかかわらず、君は多くのことを学ぶだろう。そして今よりも途方もなくパースペクティブが拡がった自分を手に入れることができる。あるいは私がそうであったように、どこかの会社でサラリーマンから始めてスキルを学び、それから資本家を目指す方法もある。

資本家になることに特別な魅力を感じないのであれば、それを目指した大計を立てる必要はない。日本人のメンタリティーを考えると、むしろ自分に向いた道は就職して安定することだと思う人の方が圧倒的に多いに違いない。外の世界があることを知った上でそのように考えるのであれば、迷わずその道を邁進《まいしん》すれば良い。

就職する前提ならば、君が気になるのは、その会社の経営がどれだけ安定しているかだろう。サラリーマンとして、その会社でできるだけ長く勤めて成功していきたいと思っているなら尚更のこと重要だし、あるいは私のようにスキルを学ぶためにその会社に入る目的だったとしても、数年で経営不振に陥られては困るだろう。多くの人は安心と安定を求めて、東証一部の会社や良く名前が知られた大きい会社に集まるのだ。

しかしその考え方は本当に正しいのか？　もし君が本当に**安定したいのであれば、今の大企業に入るのではなく、将来の大企業に入らねばならない**と私ならば考える。今大きい会社に入ってどうするの？　という話だ。今大きな会社が10年後や20年後に大きいとは限らない。消滅してしまっている可能性もある。逆に今は小さい会社が、将来は今のソフトバンクやユニクロのようになっているかもしれない。そういう昇り龍のような会社と共に成長できたならば、経験できる質と量という意味で、君のキャリアは豊かになっていくだろう。

では就職する際に、そのような将来の大企業や中長期にわたって安定する企業をどう見極めれば良いのだろうか？　己の人生の序盤を賭けるのだから、候補としている会社の将来性を自分なりに見極めねばならない。

そこで、将来性のある会社の見極め方の原則を教えよう。できるだけざっくりと、基本的な考え方に終始するが、プロの世界で私たちが企業の将来性を分析する時にも同じ考え方を用いている。本当は5つ程度の観点でもっと詳細に分析するのだが、就職活動では複雑になりすぎるので、その中でも重要な2つの軸を紹介する。この2つの観点で企業を診るだけで、自分なりに「大丈夫そう」あるいは「ヤバそう」という判断がそれなりにできるようになるだろう。

ちなみに、これらの分析のために必要な情報は、上場企業であれば有価証券報告書（公開されている）や、インターネットで検索することで手に入る。市場動向や業績などの大まかなデータもかなりのレベルで手に入る。どうしても足りない情報は、知性を使ってリーズナブルそうな「想定値」を当てはめて考えるしかない。

ここで1つだけ苦言を呈して良いだろうか。君のような若い世代に限ったことではない。多くの日本人がそうなのだから非常に困ったことだ。企業研究に限らず、あらゆることを分析したり探求したりする際に、すぐに「それは情報がありません！」という愚か者が多くて私は辟易《へきえき》している。欲しい情報をすぐにインターネットを検索して引っ張り出せる世の中になって、こういう頭を使わない習慣を身につけた愚か者が加速度的にどんどん増えている。

そもそも情報とは、人の知性があって初めて意味を持つようになる。外の世界の手掛かり（データや事実）を己で集めて、己の知性を駆使して統合・推理することで生み出す付加価値が情報だ。インターネット空間に転がっているような情報（？）も、それをタダで拾うことしか能がない人間も、どちらも大したことはないということだ。日本社会が大量生産しているのが、その程度の人間なのであれば、この30年間が停滞してきたのも無理はないだろう。高校を出たなら12年間、大学を出たなら16年間も勉強を続けてきたのは、世界から手掛かりを集めて頭の中で再構成するその「知性」そのものを養うためではなかったのか？

君には、そのような愚か者の一人にはなって欲しくない。自分の力で手掛かりを集めることから世界の成り立ちを知る人間として社会に羽ばたいて欲しい。そして、企業が欲しいのもそういう知性を持った人間だ。したがって、これから私が伝えるようなやり方を実践することは、君にとっては就活にもその後にも役立つ一石二鳥となるだろう。

就活で回るすべての企業に対して同等な深掘りで時間を使う必要はないが、絞り込んでいく段階で企業分析はどうしても必要になるし、将来の安定性を重視する場合は尚更欠かせない。少なくともネットの無責任な噂や評判に己の人生を委ねるのではなく、たとえ間違うことがあっても良いから、自分の頭で考えて判断する姿勢を持った大人になって欲しい。

●持続可能な「需要」の有無を診る

真っ先に考えるべき1つ目の軸は「需要」の変化である。その会社の主な売上を支えている市場の需要が、どれだけ将来にわたって安定してあり続けるのか？　という観点だ。日本の人口減少市場に依存しているのか？　減り続けるのか？　あるいは需要は増えるのか？　安定し続けるのか？　それを5年後、10年後、20年後、30年後というスパンで自分なりに推理してみるのだ。これによって、成長産業と衰退産業は大きく区別できるようになる。

かつてのＵＳＪを例題に実際にやってみよう。私がＵＳＪの経営再建の指揮を執ったのは２０１０年で、年間集客の７００〜８００万人の７割以上は関西圏からの集客だった。入社するかどうかの判断で、ＵＳＪの将来性を見極めるために、あのときに私が真っ先に診たのは、関西のテーマパーク需要がどう変遷するか、そしてＵＳＪが需要を開拓する伸びしろがどの程度あるかだった。

まず、関西の需要だが、少子高齢化の影響に関西がこのまま飲まれ続けると、20年後に現役人口（テーマパークに通ってくれる世代）が2割以上減るということがわかった。20年後には売上の7割の2割が吹っ飛ぶことがわかる。残りの3割を維持したとしても、今の売上が100であれば86まで売上が下がってしまうぞ、ふむふむ……と。

そして今よりも需要が86％になる未来に加えて、当時700～800万人そこらの年間集客で経営が厳しいという話が聴こえてくる中で、テーマパークの限界利益率を合わせて想像すると……。「倒産確実」の赤いバラや、北斗七星の傍らにある小さな「死兆星」がすぐにキラキラしてきた！　結論は、この2010年当時のUSJの需要は、相当な先細りでヤバイということだった。

このように人口動態の変遷による需要の変化を追うのは基本だが、それだけでなく、**その会社が今稼いでいる基幹技術に対する代替技術の出現可能性を視野に入れることも大切だ。**消費者はより便利でより快適なものに移行していくことを忘れてはいけない。石炭は石油にとって代わられ、メールが流行って年賀状が売れなくなり、橋がかかってフェリーが干上がるように、その需要のシフトは業界や企業にとって大激震となる。

代替技術に関しては、予測できないことも多々あるが、予測できることもある。たとえば、私が就職活動をしていた二十数年前、あのダイエーの全盛期において未来にアマゾンに代表されるECが登場し、これほど既存小売業の需要を圧迫する今日を予測できた人は少ないだろう。しかしあの当時でさえ、日本の安い労働力に支えられて発展してきた家電業界が、韓国や中国にとって代わられる時代が来ることを予測する人は少なからずいた。そしてあのソニーやパナソニックが純国産のテレビを諦めて、LGから有機ELパネルを調達する時代が本当にやってきた。

たとえば、USJや東京ディズニーリゾートのようなテーマパーク技術で考えてみよう。テーマパーク型のリアル・エンターテイメントに脅威《きょうい》となる代替技術は、スマートフォンのゲームなどのインスタント・エンターテイメントの普及（隙間時間で便利にストレス解消できる）であり、VRやARなどを使ったバーチャル・エンターテイメントが高性能化していく未来（テーマパークに人が求める没入感をもっとリアルに家で手軽に体験できるようになる）などが考えられる。それらの技術が発展してくるとどうなるだろう？　テーマパークならではのリアルな臨場感へのニーズはそれなりに一定の割合で残るだろうが、今よりも需要は削られる方向へ動くのは間違いないのではないか？　などとさまざまな情報源からの手掛かりを組み立てて、自分の頭の中で推理して結論を出していく。

では次に、日本経済を支える自動車産業の未来は、需要という観点ではどうなるか考えてみよう。ＡＩによる自動運転は、普及するのか、しないのか？　自動運転は、自動車産業の需要そのものにどのようなインパクトをもたらすのか？　君はどう考えるだろうか。

このときに役に立つ原則は、**市場の需要は、大きな目でみると必ず消費者のプレファレンス（相対的な好意度）に従う**ということだ。そしてその消費者のプレファレンスは必ず「より便利でより快適なもの」を求め続ける。いくら古い価値観のままの人間が「運転する楽しさ」を強調しても、経産省がガチガチの規制で自動運転への移行を遅らせようとしても、世界の自動車産業は消費者が求める方向へ動かざるを得ない。

車に関しては、その視点で考えると、そもそも自分で運転することは苦行でしかないのだ。消費者視点でそのことをどれだけ早く自覚するかに勝負はかかっていた。もし自分で運転することと自体に価値を置く消費者が大半だったならば、ＭＴ車に対してＡＴ車がこれほど普及することもなかったはずだろう。自動運転に関しては、それほど考えなくても車内全員で酒盛りしながら目的地に着ける方が良いに決まっている。高齢化が進むという観点でも、自分の判断力や運転能力に依存しないと移動できないよりも、ＡＩ時代はきっと快適で便利で事故も少なくなっているに違いない。自分で運転などしない、マイカーなど要らない、必要なときに好きな自動車に自分を迎えに来させる、そんな時代がやってくる。その時代には自動車需要は大きく先細るだろう。

そう仮定すると、個別の企業の未来も、その時代への備えがどうかという観点である程度ならば予測することはできる。自動運転技術に関しては、私の所感ではあるが、グーグル陣営などに比べて、たとえばトヨタ陣営は3周くらい遅れている感が否めない。巨大な投資で必死に追いつこうとしているようだが、この分野は遅れた〝時間〟を取り戻すのが簡単ではないのだ。競合たちは新時代にものを言うデータの蓄積でずいぶん先を走っている。

自動車会社のこれまでの成功が、未来への投資判断を遅らせた感が否めない。そもそも自動車が好きな人間ばかりが自動車産業に集まってくるからこういうことになる。多くの会社が自覚なく過度に技術偏重で、古い技術への愛着や現在の自社の都合にこだわって、消費者視点なら見えたはずの新しい時代への乗り遅れが起こる。日本経済の屋台骨を支えるトヨタにはぜひとも、新時代のみならず、更にその先の時代も見据えて、消費者視点で奮起してくれることを願っている。まだいくつもやりようはあると思う。

このように、さまざまな情報の手掛かりを集めて、自分なりに需要の有無を見極めていく。自分が検討したい企業の主な売上の未来の需要、そしてその企業が開拓しようとしている新規ビジネスの未来の需要、それらを推理していく。本当はそれらの需要でシェアの伸びしろがどのくらいあるかまで考えれば大したものだ。たとえ市場の需要が1割減るとしても、シェアを倍に伸ばす可能性が大きいのであればその企業は今よりもずっと大きくなる場合もあるからだ。

●持続可能な「構造」の有無を診る

2つ目の観点は、その需要から持続的にシェアを取り続けるための「構造」の有無を診ることだ。ここで意味する構造とは、一過性のものではない。その会社の現在の業績を支えている競争力の源泉（コア・コンピテンシー：つまり強み）を見極め、その競争力が持続可能かどうかを判断するのだ。具体的には、その会社の競争力の結果であるシェアを変動させる要素を詳しく診ていくことになる。そのときに、シェアを維持、あるいは向上させる、一過性でないソフト面、ハード面、あるいはその他のさまざまな能力や、競合参入や攻撃を防ぐなんらかの障壁を持っていれば、それらをプラスにカウントして考える。

構造として代表的なものの1つは、特許権、商標権、著作権などの知的財産だ。購買者に支持されている理由がある特定の特許技術に紐《ひも》づいていて、その特許を独占できるとき、その会社はシェアを持続可能な構造を持っていると言える。また、我々マーケターが創り上げる「ブランド」も、商標権に守られた代表的な知財であり、誰しもが勝手に使って商売ができないのでシェアを維持する強力な構造になり得る。他にも、競合が参入するのに巨額な資金力や設備投資費のリスクである〝参入障壁〟も、シェアの持続可能性を強化する構造としてカウントできる。更には、法律による規制であったり、特定の人脈であったり、原材料の寡占であったり、流通の支配力であったり、シェアを維持するのに有効なさまざまな構造を持っている企業は中長期で安定するのだ。

わかりやすい具体的な例で考えてみよう。たとえば、東京ディズニーリゾートの強力なシェアの源泉は何か？　それは「ディズニーブランドのコンテンツ」によるソフトパワーである。もし、この知財を陳腐化する競合が商圏に現れれば、現在のディズニーリゾートのシェアは大きく下落してしまうだろう。その運営会社であるオリエンタルランドの将来の安定性を考えたい人は、そのような可能性がないかを診て、自分なりの判定を下せば良いのだ。

実際に少し考えてみよう。ディズニーを陳腐化できるような（匹敵するような）ブランドが関東圏に出現する可能性は極めて小さく、またディズニーブランドを使った競合の同商圏での出店は契約で封じられているはず。さらには東京ディズニーリゾートほどの規模を持った直接投資（５０００億円規模）を行える競合出現の可能性はそもそも小さい。それらを勘案すると、このソフトパワーは持続可能な強力な「構造」だとみなすことができ、需要が存続するならば中長期で東京ディズニーリゾートは関東圏のガリバーとして君臨する未来が予想できる。この観点だけで診れば、将来も安定している可能性が高い企業ということになる。

その分析の際に、ついでに最悪のシナリオを考えてみれば尚よい。ディズニーのソフトパワーを破壊する最悪のシナリオって何があるだろう？　と。実はいくつか考えられることはある。不祥事か何かで、ディズニーブランドがもはや夢と魔法を売るに相応しくない壊滅的なネガティブイメージに染まる場合。知財の期限が切れて延長されず、誰でもミッキーマウスを使えるようになって類似パークが近所にできるようになる場合（そういうことが可能でも日本では誰もそれをやらないだろうが）。ディズニーを超えうる人気を誇るブランド（たとえばスタジオジブリのテーマパーク）が巨額資本を投じて近所に建設されることになる場合（ジブリは愛知県に展示型パークをつくると発表したのでそれも無さそう）……。そうでない限り、20年後も30年後も、ミッキーマウスが愛されていると信じられるのであれば、その構造はかなり強いということだ。

他の事例でもう少し理解を深めよう。コカ・コーラという会社について考える。炭酸飲料を中心とした巨大グローバル企業だ。彼らの売上を支えている構造とは何か？　さまざまな見方があると思うが、特筆すべきは「その圧倒的な規模」が持続可能性を担保する構造そのものになっているように私には見える。たとえば、私が競合となる「Morioka Coke」を起業してコカ・コーラに挑戦したとしよう。世界中の製造から流通までを圧倒的な規模で支配する彼らに対し、挑戦者は利益の出るビジネスモデルを構築するのが極めて難しい。彼らの超規模だからできるコスト構造に対して、同じような消費者価格で、大きなマーケティング予算を投じて、長期間にわたる勝負ができない。零細のMorioka Cokeが本気でやるとしたら別の価格帯と別のチャネルで、超ニッチにブランディングするしかない。しかしそれでは世界のコカ・コーラの競合にはなり得ないのだ。

もしコカ・コーラの牙城を崩そうと本気でやるならば、巨大な資金を背景に長年にわたる大幅赤字の大損覚悟で対抗し、ブランドがその市場でコカ・コーラに勝てるように育つまで粘るしかない。しかし、そのようなリスクは巨大資本を持った賢い人ほど取りたくないので、メジャーなチャレンジャーがずっと現れないのだ。ペプシコーラなどの挑戦が頓挫し続けるのはそういうことだ。コカ・コーラの持続可能性を支えるのは、その強力なブランド力もさることながら、メジャーな競合が参入しにくいその〝規模〟そのものだと言えるのではなかろうか。ちなみに需要の面を診ても、人間の喉《のど》が渇く限り、そして世界の人口が増え続ける限り、彼らの需要は先太いのである。安定性という観点で長期的に就職先や余剰資金の投資先を厳選したいとき、コカ・コーラのような企業はわかりやすい好例だ。

最後に、先ほど需要面を診た2010年当時のUSJのシェア面の続きをやってみよう。先ほどは関西人口減少だけで86％の需要になる死兆星が頭上に輝いたが、シェアの持続性を左右する〝構造〟に関してはどうだろうか？

まず、2000〜3000億円も投資したUSJに匹敵する競合テーマパークが、縮小が見えている関西に新たに出現する可能性は低いとみることができるだろう。一時はエキスポランドの跡地にパラマウントのテーマパークの話が浮上しても結局は立ち消えたように、USJは今後も関西においてはガリバーであり続けることはそれなりに信じられるのではないだろうか？　その前提に立つと、2010年の年間集客がシェアの面で大きく下に崩れることはそれほど大きなリスクではないと考えられる。

この分析は2010年時点で行っている前提なので、この可能性は考慮に入れないが、現在のUSJが最も恐れているに違いないのは、大阪のIR（統合型リゾート）に紐づいた大規模あるいは高品質なテーマパークが目と鼻の先にできるシナリオである。それができれば、お互いに殺し合って小さくない集客ダメージになるだろう。やりようによっては相乗効果で両方にプラスになるブランディングも可能なのだが、それは担当者に要求される難易度が高いのでそうはならないだろう。

逆方向のシェアのアップサイドも診てみよう。シェアの伸びしろはどの程度あるのか？実はシェアについて外部から正確に把握するのは難しい。プロでも調査費用を払ってデータを買うことが普通なので、なおさら学生にとっては難しいはずだ。**しかしそれも公表されている情報と知性を組み合わせれば、ビンゴでわからなくても、比較する相手（ベンチマーク）を使ってシェアの伸びしろをざっくりと理解することはできる。**

ＵＳＪのシェアが一番伸びたとして、東京ディズニーリゾートのシェアをベンチマークにして考えてみることにする。まず、関西圏と関東圏の人口の比率はおよそ1対3だ。もし、ＵＳＪが東京にワープして関東圏で今の関西におけるシェアと同等レベルを取ったと仮定すると、ＵＳＪの年間集客の約700万人は3倍の約2100万人超になるということ。東京ディズニーリゾートの年間集客が当時は約3000万人だ。そうすると、ＵＳＪの関西におけるシェアは、関東における東京ディズニーリゾートの拠点シェアのだいたい3分の2ということがわかる。つまり、ＵＳＪのブランドが奇跡的に東京ディズニーリゾート並みに強くなりシェアを伸ばしたとして、今の1.4倍（※１）までは集客力が伸びそうということ。

需要の診立てと合わせてみる。２０１０年時点で約７００万人のＵＳＪの年間集客が関西市場の縮小で20年後の需要が86％になっても、プラス要因としてはシェアの伸びしろは1.4倍まではあるということだ。ディズニー並みの1.4倍まで伸ばせるという想定は眉唾として、話半分の1.2倍だと想定してみよう。その両方が同時に起こったとすれば、７００万人×0.86×1.2＝約７２０万人ということになる。２割もブランドを強くしても、関西市場の衰退のせいで同程度を保つのがやっとという結論になる。

という「ざっくり分析」で需要を診るだけで、いろいろなことがわかったと思う。つまり、２０１０年当時のＵＳＪは安定を求める人が決して入ってはいけないヤバイ企業だったということだ（笑）。開業から10年も経っているブランドが成熟市場においてシェアを20％増やすというのは並大抵ではない。それをやらない限り、７００万人は関西市場とともに６００万人になる軌道に乗っている。でもそれは実際に起こらない。なぜなら既に損益分岐点のギリギリを飛んでいると仮定すると、ＵＳＪは６００万人になる前に倒産してしまうからだ。このくらいの分析は、大学生でも、いや、中学生でもやろうと思えばできる。何を分析したいかさえ明瞭であれば、材料となる情報を集めて、あとは四則演算とロジックだけで十分だ。それだけで、２０１０年当時のＵＳＪは安定を求めて入る企業ではないことが明らかになる程度の情報は十分につかめる。

＊１：就活生が外部情報を駆使してどこまで分析できるかについて、もう少し分析レベルを上げてやってみると、商圏人口から需要を読み解く際は、年間集客数は年間パス来場者数を含む〝延べ人数〟になっているので、関西由来の集客を割り出して、本当はそれを〝顔数〟で診なければならない。当時上場していたＵＳＪが発表していた有価証券報告書を見ると（ＵＳＪに限らず上場している企業ならネットで調べられる）、それまで過去数年間の年間集客数はだいたい８００万人程度で、年間パス購入者による複数来場は延べ人数で約２６０万人なことがわかる。その情報から関西由来の〝顔数〟は３５０万人程度と類推することができる（想定は以下のとおり。まず、ＵＳＪの集客の関西依存度については、当時のオリエンタルランドが公表していた東京ディズニーリゾートにおける関東由来の集客が全体の65%だったことから、ＵＳＪの場合は安い年間パスによる関西集客の比重はもっと高いと推測し、少なくとも7割はあるだろうと想定。関西からの集客割合（7割）＝８００万人×0.7＝５６０万人、年間パス来場者数は２６０万人だから、レギュラーチケットでの入場者数は５６０万人－２６０万人＝約３００万人。年間パス保持者の顔数は発表されていないが、年間パスの代金から元を取るために最低必要な来場回数は3回であり、それよりも平均来場回数は多いだろうと考えて平均5回程度来場すると想定してみると、２６０万人÷約5回＝約50万人の年間パス来場者数の〝顔数〟を読み取ることができる。つまり当時のＵＳＪの関西由来の来場顔数は５６０万人－２６０万人＋50万人＝３５０万人）。また、東京ディズニーリゾートも実際には2パークで３０００万人なので、関東由来の来場者の割合と、ランドとシーの同日来場数の重複を考慮した〝顔数〟で考える必要がある。想定は、東京ディズニーリゾートの集客における関東依存の割合は65%、東京ディズニーリゾートの年パス来場者の割合は少ないので無視（ＵＳＪと違って年パスが高額なので購入者割合は極めて少ない）、シーとランドの同日重複来場者の割合は2割と想定（全くわからないので周辺の学生30人に聞いて、同日にランドとシーで遊ぶ人の割合から想定）。そうすると、東京ディズニーリゾートの関東由来の顔数は、３０００万人÷1.2（ランドとシーを同日重複する割合）×0.65

（関東由来の割合）＝１６２５万人。ＵＳＪの関西における３５０万人の集客力を3倍の関東市場に置き直すと１０５０万人。これを東京ディズニーリゾートの関東由来の顧数１６２５万人と比較すると、シェアの伸びしろは約1.55倍。先ほどのラフな分析にほぼ近い結果を得た。このくらいまでは学生でもやろうと思えば単純計算だけで十分に可能なレベルだろう。

実際に２０１０年にＵＳＪに行くかどうかを私が判断した際に、私はプロ・マーケターとして、その注釈レベルよりも遥かに詳細な分析をした。しかし大筋の結論はこのざっくり分析とほぼ同じだった。そして私はこの暗黒の未来への軌道を変える戦略がつくれるかを考えたのだ。

そうすると需要の観点で必須と思えたのは、以下の２つの必要条件（※２）だった。１つ目は、縮小していく関西市場に依存した集客体質から脱するために、何としても「関西外の全国区や海外から大きく集客できる構造」にＵＳＪを転換せねば倒産確実であること。２つ目は、そのための巨額資金を稼ぐためにできるだけお金をかけないで「関西圏でのシェアを激増させるための施策」を成功させねばならないこと。

その２つが無ければ、ＵＳＪには遠くない未来に頭上に死兆星が落ちて、関西から消滅すると確信した。そこでその２つの必要条件を満たす勝ち筋を真剣に考えた。自分が指揮を執ることで、その勝ち筋となる大戦略は見つけられそうか？　見つけられたとしても、必ず痛みを伴うその大改革に会社としてサポートをもらえる体制なのか？　それらをよく考え、そしてグレンとよく話して、私は沈みつつある船であったＵＳＪに参画することを決めたのだ。そして暗黒な未来を変えて、ＵＳＪを年間１５００万人のパークにすることに成功した。

安定を求めて入るなら当時のＵＳＪはまさに最悪の選択の１つだったが、その過酷な運命を変えられるかどうかに挑戦することで、マーケターとしての自分の全力を試すには最良の選択だったのだ。そのときの私もそうだが、**自分の目的に合致するかどうかが最重要なのであって、目的に合わない就職や転職ならば、どれだけ業績が良い企業に入っても意味がない**。自分のキャリアの目的を明瞭にしない限り、企業分析のポイントも、出てきた情報を判断する際にも、すべてピンボケになるので注意してほしい。

＊２：１つ目の必要条件は、ウィザーディング・ワールド・オブ・ハリー・ポッターの導入計画の土台となった。２つ目の必要条件を満たすために、「映画だけのパーク」を捨てて、新ファミリーエリアや、ワンピース、モンスターハンター、ハロウィーン・ホラー・ナイト、後ろ向きに改造したジェットコースターなどを次々に導入する「セレクトショップ戦略」を実行していく。ＵＳＪをどう立て直したのかの詳細は、『ＵＳＪのジェットコースターはなぜ後ろ向きに走ったのか？』（KADOKAWA）を参照。

余談だが重要な話を１つ。ここで紹介した**「需要の持続性」や「競争優位を維持する構造」**

は、実は株式投資の判断の際にも非常に有効な視点となる。特に、投機狙いではなく、投資を中長期で成功させたい人は、自分が株を買う前にその企業の「需要」と「構造」について同様に分析することを強く勧める。

余剰資金を株に投資して中長期で成功したい人に少しだけアドバイスするとしたら、**最も重要なことは「売らなくても良い株を選ぶこと」**だ。その次に重要なのは、**「買うタイミング」**だ。長期で成長する「需要」と「構造」を持つ会社を厳選して、その銘柄を焦らずに必ず暴落したときに買う。そうすれば短期的な売買などしなくて済む。何十年もの間、結果としては年平均7〜8%で回ってきた世界の株式市場なのだから、市場の上下はありつつも、短期売買で一喜一憂せずにその構造に乗っかるのが堅実だと私は考えている。

と言いながら、私自身は個別銘柄の株の売買は実は一切していない(笑)。私の凝り性と専門性を考えると、株の売買においても数学ツールを駆使して情熱を傾けるだろう。そうすればおそらく圧倒的な力を発揮できると思う。しかし、私の仕事は多くのインサイダー情報に触れる機会に満ちているので、万が一にも誤解を招くような個別銘柄の株式売買は一切やらないことにしている。投資に回さないと社会に申し訳ない余剰金は、投資信託で人任せに運用しているだけだ。

だが、私が株をやらない本質的な理由はそれではない。お金を増やすこと自体が目的化できず、情熱が保てないのだ。必要以上のお金を得るための分析などにはヤル気が湧かない。はっきり言えば、人生の貴重な時間の無駄遣いにさえ思えるのだ。私は、君たち家族をちゃんと養い、やりたいことができるだけの最低限のお金があれば十分。お金よりも遥かに**私を衝き動かす最大の「欲」は、知的好奇心を満たすこと**なのだ。新しい戦略を自分の頭からひねり出し、世の中に放り投げてみて、世界がどう変わるのか？　それを見届ける息をのむような瞬間に、持てるすべての情熱を注ぎ込みたい！　私はその興奮を味わうために生まれてきたのではないかとも思えるのだ。

人それぞれ自分の「欲」に正直に生きていくのが良いと思う。まあ、これまでも知的好奇心を追求してきただけでも、4人の子供も育てて、好きな趣味をやるために必要なお金はなんとかなったし、たまに愛する日本刀を保護することもできるし、お金を持ってあの世に行くことはできないから、私の場合はこれで良いと思う。

それにしても私は知らないことばかりだ。46年間も生きてきたのに、私はこの広い世界のほんの砂粒1つもまだ知らないだろう。ここで述べてきたパースペクティブも、壮大な世界の中の、自分が歩いて来た細い道筋の、たまたま目を凝らした部分についてだけを伝えているに過ぎない。しかもそれがどのくらい普遍的に正しいのかもよくわからない。どんな人にとっても、ノーベル賞受賞者のような人でも、知らない世界の方が常に圧倒的に広いのは間違いない。このことに君は落胆するだろうか？

私にとっては真逆なのだ。その現実にワクワクする！　もし仮に世界の大半を知り尽くしたと思えたのなら、生きる力が大きく削がれるだろう。今も日々の仕事と暮らしの中で、1つ1つ知らないことに出会い、驚き、感動する。同じようなことをやっているように見えても、学びとる意志があれば同じ河を渡ることは二度となく、知恵と知識を集積して自分の世界を拡げていく過程は喜びに満ちている。知的好奇心がある限り、これからも私の世界は輝いて、人生はずっと面白い！　これはあくまで私にとってだが、**人生とは、まだ知らない面白いことを求めて、自分の世界を拡げていく旅のようなもの**だと思う。

君は自分の人生をどう定義づけるのだろうか？　志を立てるそのときが来るまで、歩きながら悩みながら、ゆっくり考えればいい。ただ君の「欲」に素直に、まっすぐに生きてくれることだけを私は願っている。

第3章

自分の強みをどう知るか

君にとってこの章はかなり大事な内容になるかもしれない。キャリア戦略をつくる大きな道筋をまとめてみようと思う。何をしたいかまだよくわからない君が、こういう順番で考えれば、人生の方向、自分の特徴、自身の強みと弱みを知る手掛かりを得て、そしてどのような職能を選べば良いかという「仮説」にたどりつける手順を示していく。

読後に「ああ、こういう順番で考えれば良いのか」、あるいは「こんな程度で良かったのか」と思ってもらえれば幸いだ。結局のところ、キャリア戦略とは、そんな精緻《せいち》で複雑で大仰《おおぎょう》なものにはならない。むしろシンプルでクリアでなければ使えない。今から解説する『キャリア戦略のフレームワーク』を使って、君の〝太くて真っすぐな道〟を一緒に考えていこう。

まずは目的を立てよう

●目的は「仮設」でも良い

キャリア戦略は文字どおり「戦略」だから、君のキャリアにおける目的があって初めて機能する。目的がない戦略は意味がないし、目的が不明確であれば戦略は立てられない。将来的に変わっても構わないし、おぼろげでも構わないので、今の君のベストの「キャリアの目的」を設定してみよう。

本来であれば、君の人生にとって達成したい「夢」が明確ならば、それを最上位概念の「人生の目的」として立てて、その目的を実現するために君のキャリアがどうあるべきかを考える。そうすれば自然に「キャリアの目的」は明確になってくる。しかしながら、実際はそれが難しい。将来の夢も、やってみたいことも、やりたいことも、結婚したいかさえも、よくわからないというか、今は決められない気がするだろう。

そもそも「今日の晩御飯に何が食べたい？」と聞かれても答えられないことが多いのに、「長い人生で何を達成したいのか？」などと大上段に構えて聞かれても明確な答えを持っている人の方が少ない。自分の未来を考えてもぼんやりしているし、やりたいことはよくわからないのに選択肢ばかり多すぎて訳がわからないだろう。結果的に、この就活時点でもっともらしい自分なりの暫定《ざんてい》的な「目的」を、まるで仮設住宅を建てるような突貫工事で組み立てることになる。

しかし、私は**〝仮設〟でも良い**のだと思う。近い将来、目的もプランも変わるかもしれない。そうだとしても、ベースとなる大きな目的は持っておいた方が良いのだ。君はきっと聞きたいだろう。将来変わるかもしれない仮設でもって突貫する努力に、一体どんな価値があるというのかと。私はその価値は2つあると感じている。**1つは納得性、もう1つは一貫性だ。**

自分がこれから踏み出す道の一歩が、それなりに自分が考えた結果の一歩であると思えた方が自信を持って踏み出せる。さまざまなことが起こって後ろを振り返っても、歩いてきた道に自分自身が納得できるようになる。行き当たりばったりで、その時々の感覚と脊髄《せきずい》反射で生きていくよりも、暫定的であってもそれなりに優先順位を見定めて歩いた方が、目的には近づくはずだ。人生の納得度が上がるのは自明だと思う。

もう1つの一貫性とは、大きな方向性を目指して歩けば、キャリアを縦方向に積み上げやすくなるということだ。もちろん、暫定的だった目的が突然変わって、真逆に向かって歩き出したならその限りではない。しかしながら定めた人生の目的が、二十数年も生きてきて（達成できなかったというのはよくある話だが）、それとは全く違う方向へ変わるなんてことはあまり起こらない（人の方が圧倒的に多い）のだ。**おぼろげながらでも早めに目的を設定し、その方向へキャリアの専門性を集積する〝貯金〟を開始した方が得**なことは多い。それが一貫性だ。

ちなみに「貴方が人生で達成したいことは何ですか？」という質問は、就職面接でも本当によく聞かれるので、誰もがその答えを準備しておかねばならない。私もそうだったが、この時点での暫定的な「人生の目的」や、そのための「キャリアの目的」を必死で考えて、そのベクトル上に半ば無理矢理にでも「御社の志望動機」をもっともらしく並べることになるのだ（笑）。

●目的が見えてくる発想法

ということで、君のキャリアの目的を仮設で立ててみよう。どうやって考えるのか？　このときに、いきなり達成したい〝こと〟や、やってみたい〝こと〟という、具体的な〝こと〟から発想しようとするとしんどくて詰んでしまうことは多い。具体的にどの仕事とか、どの会社とかを考えるときも同じことが言える。人間は具体的なことの方が想像しやすいのだが、この場合は採点基準がまだ無い上に、具体の1つ1つの守備範囲が狭すぎて、その発想はかえって上手くいかないと思う。

私が勧めるのは、**具体的な〝こと〟から発想するのではなく、〝どんな状態〟であれば自分はハッピーだろうかという未来の理想〝状態〟から発想すること**である。これはマーケティングで目的設定をするときに詰んでしまった場合、私がいつもやっている脱出法だ。何から考えれば良いか詰んでいるのなら、騙されたと思って一度やってみて欲しい。この方法をもう少しわかりやすいように解説しよう。

たとえば、何から考えたらよくわからなくて、何をしたいかもさっぱりわからない人がいたとする。この困っている彼が「自分は何の職能を極めたいのか？」と自問自答してもきっと辛いだけだ。彼はそこから考えるのではなく、まずは「自分はどんな状態になっていたらハッピーなのか？」を考えてみるのだ。

彼の代わりに、たった今、中学生の君の弟くんで人体実験してきた（笑）。

まずは大きく考えて、あなたは自分が大人になったときにどうなっていたらハッピーだと思う？　幸せになるためにどんな状態であれば良いと思う？　弟くんは「うーん、やっぱり家族がいてちゃんと養える自分でないとハッピーじゃないと思う」と答えた（息子よ！　大きくなった！）。そこで私はもっとその〝状態〟について彼のイメージの輪郭を聞いていった。家族ということは、奥さんはどういう人がいたらハッピーかな？　子供は何人くらいいたらハッピーかな？（弟くんは、なんと子供が3人は欲しいらしい。私と同様に日本の少子化と戦うつもりなのか？　頑張れ！）その5人の家族をちゃんと養うとはどういう状態のこと？などなど、彼の頭の中の〝ハッピーな大人である状態〟をできるだけ掘り起こしていく。

そうやって「理想状態」を掘り起こしてから、その理想状態を実現するために必要な「具体（〝こと〟）」は何かを発想していく。そんな5人の家族を養ってハッピーな状態である自分であるためには、どんな〝こと〟が必要だと思う？　弟くんは「そうやな～ある程度は稼げないといかんやろうな」と答えたので、私は「ではある程度稼げる状態であるためにはどんな〝こと〟が必要だろう？」と1つずつゆっくりとレイヤーを降ろしていった。

弟くんが中学生なりに導き出したのは、こういう道筋だ。ある程度稼げるためには、自分に向いたある程度稼げる職に就かねばならず、その職に就くためにはそれに応じた能力が必要で、加えてある程度の社会的信用のある大学を出ていた方がきっと有利で、そういう20代前半になっているためには、そういう経験を積める大学に行くことがきっと良くて、そういう大学に合格する学力を得るのに有利な高校に行った方がきっと良くて、そのためには今もう少し勉強を頑張らないといかんなーということだった。

本当は「自分の宝物をいち早く見つけて、それをどんどん磨いていくのが理想の実現への一番の近道だよ。高校も大学も就職も、自分の宝物を磨くための手段に過ぎないのだよ」と説教したいところだが、まあこんなもんだろう（笑）。

彼にとっての暫定的な人生の目的は「ちゃんと家族を養える人間になること」であり、それを実現するキャリアの目的は「ある程度稼げること」であり、そのための戦略は「第一ステップ：大学進学に有利な高校に行く、第二ステップ：就職に有利な大学に合格する、第三ステップ：自分に向いているある程度稼げる職に就く」ということだ。自分の適性をどう見極めていくかという視点は欠けているが、とはいえ中学生であっても、自分の将来の夢から目的を抽出し、そこから戦略と戦術を1段ずつ下ろしてきて今日の行動に繋げることができた。内容はざっくりし過ぎているが、君のやるべきこともこういうことだ。

もう1つ就活生の実例を挙げておく。就活を始めたばかりの私自身だ。当時の私も、自分が将来、具体的にどんな職能に就きたいとか、ましてどの会社に入ろうかなどという具体的な考えは全く見えていなかった。ぼんやりとあったのは、自分の一度しかない人生を多くの人の力を束ねて大きな事業ができるような人間になれれば痛快だろうという思いだ。その状態を最も体現する立場として漠然と「経営者になりたい」と思っていた。そこで「痛快な人生を送る」ために、キャリアの目的を「経営者になるスキルと経験を積むこと」として暫定的に定めたのだ。このときも理想状態からの発想をしていたのは、正直なところ、それぐらいしか発想の手掛かりがなかったからだと思う。

このように、理想状態からイメージを膨らませて、それから具体に入っていく思考方法が、キャリアを考える際には良いと思う。これは**「理想状態からの発想法」**とでも言っておこうか。十分条件から必要条件を発想していくのだ。目的が満たされる状態さえ想像できれば、その理想状態を構成する要素がより具体的に見えてくることは多い。暫定的でも良いから、おぼろげでも良いから、君なりの精一杯で「目的」を考えて欲しい。君は10年後、20年後、いったいどうなっていたいのだろうか？　どういう状態であればハッピーなのだろうか？

君の強みをどうやって見つけるのか？

仮設ながらも目的が定まったのであれば、その目的に向かって戦略を立てなければならない。戦略を立てる際に最も重要なのは、己の「資源」（ビジネスでは、ヒト、モノ、カネ、情報、時間、知的財産の主に6つ）をどう認識するかだ。戦略とは資源配分の選択のことだから、どのような資源を持っているかによって取りうる戦略はものすごく可変するのだ。だからキャリア戦略を明確にするために君の持っている資源についてじっくり考えよう。先ほど暫定的に定めたキャリアの目的を達成するための、君の持つ最大最重要な資源は何だろうか？　もちろん、それは君という「ヒト」が内在させている〝強み〟だ。

したがって、自分の強みをどれだけ早く見つけて、武器として認識して、それを磨いて伸ばしていくことに集中できるかが、キャリアの明暗を分けることになる。認識できなければ強みは活用できないし、磨くこともできない。だから自分の強みを探す具体的な考え方をまとめてみようと思う。

●〝強み〟は必ず好きなことの中にある

自分の中の〝強み〟を見つけることは多くの人にとって簡単ではないようだ。しかしある方法を知ればそれほど難しくはないので安心して欲しい。このやり方の核心となる論理をまずは説明したい。〝強み〟とは、自分の**「〝特徴〟とそれを活かす〝文脈〟がセット」**で初めて発揮されることを思い出して欲しい。その2つがセットになっている構造を逆用する。

いきなり〝特徴〟をつかみ取るのが難しいなら、もっと想像しやすい〝文脈〟からつかみ取る方が飛躍的に容易なのだ。文脈からの方が簡単に特徴に辿り着ける。すなわち、〝強み〟を見つける最大の近道は、**社会との関わりで気持ちよかった文脈（≒自分が好きなことをしている文脈）**をどんどん列挙することだ。君が〝好きなことをしている文脈〟こそ、君の特徴が強みとしてすでに発揮されている可能性が極めて高いからだ。

考えてみれば、生まれてから今日に至るまで、どんな人も天文学的に無数の「動詞」を実行してきた。その1つ1つの行為の試行が、良い結果をもたらしたのか、悪い結果をもたらしたのか、世界からの反応を君は受け続けてきたのだ。人に話しかけて良い反応があったのなら、話しかけることが好きになるだろう。何かをよく考えることで誰かの役に立ったのなら、考えることが好きになっているだろう。それらの無意識下にある幼少期から現在に至る経験の蓄積と記憶が、今の君の「好きなこと」と「嫌いなこと」を決めてきたはずなのだ。

今の君の好き嫌いは、君が元々持って生まれた特徴の反映と言えるし、好きなことは君が歩いて来た文脈において〝強みとなった君の特徴〟の集積だと考えれば良い。その膨大な実験データの経験則で好意的に選び出された、君にとって好きな「〜すること」こそが、君に良い結果をもたらしたに違いない。その動詞こそがこれまでもこれからも君にポジティブな結果をもたらす。つまりそれが君の〝強み〟だ。

という訳で、今まで自分が好きだった「〜すること」を実際に書き出してみよう。バッグが好きとか、ナイフが好きとか、そういう「名詞」は要らない。必要なのは「動詞」だ。用意するものは簡単だ。大量のポストイット（メモ用の親指くらいのものが2〜3束あれば十分だろう）と、A4程度の紙4枚（左上に、それぞれ「T」、「C」、「L」、「それ以外」と明記しておく）と、ペンがあれば良い。

最低50個、できれば100個くらいの好きな行動を動詞で書き出してみる。それを1つ1枚のポストイットに書いて机や棚や壁にでもペタペタ貼っていく。あまり深く考えてはいけない。自分が好きなことをとにかく「動詞」にしてみるのだ。
ここで実際にやってみて欲しい。

君は多くの「動詞」を書き出せただろうか？　もしネタが何十個も書けないのであれば、自分のことを良く知っている家族や友人に「自分が生き生きとやっていることは何？」と聞いてみよう。あとは、懐かしいアルバムや動画などを見ながら、幼少期の自分から今までを振り返って、どんなときに自分が充実していたか、何をしているときが面白かったか、いくらやっても飽きなかったこと、それらを思い出してみよう。また、凝った趣味や熱中した部活動などがあったのなら、その活動の中で自分は何をすることに魅力を感じていたのか、記憶を紐解きながら考えるとより多くの「動詞」が集まるだろう。

ちなみに集まるものは、だんだん似通ってくるし、重複していることがどんどん増えてくるが、気にしなくて良い。たとえば、「運動会の騎馬戦《きば》で勝つ作戦を考えることが好きだった」と、「部活のバスケで地区大会で勝ち抜く作戦を考えることが好きだった」は両方とも「作戦を考えることが好き」で同じだ。それで良い。同じ動詞が2つの文脈でその人をハッピーにした事実を可視化することが大事なのだ。最低でもポストイットは50枚だ。重複はぜんぜん構わない、むしろ普通は重複する。その調子でどんどん書き出して欲しい。

20年も生きてきたのなら、君の強みは必ず好きなことの中にある。ここまでの成功は、君の強みによってもたらされてきたのだ。さらにそれはこれからの長い人生でも続く。会社が給料を払っている対象は、君が人知れず弱点克服のために費やしている努力ではない。会社がお金を払っているのは君の生み出す業績であり、その業績は君の強みから生まれるのだから、会社が買っているのは君の〝強み〟なのだ。それがわかったら、年収を上げたいなら〝強み〟を伸ばせ！　キャリアで成功したいなら〝強み〟をもっと磨け！　すべては強みを認識することから始まるのだ。

●Tの人、Cの人、Lの人

さて、そろそろ書き出した動詞の集約と仕分けをしていこう。〝強み〟となる特徴にはさまざまな定義がありえるのだが、その定義を細分化し過ぎると逆に傾向を整理するのに複雑で使いにくくなるのが問題だ。そこで私は、世の中の人の強み（特徴）を大きく3つにざっくりと区分して、大きな特徴の方向性を理解することから始めるようにアドバイスしている。

この3つの分け方は、無数にある職能そのものではなく、その職能特有の個別の専門性でもなく、**どの職能においても重要なビジネスパーソンとしてのコンピテンシー（基礎能力）として分類**した。

それは、**Tの人（Thinking）、Cの人（Communication）、Lの人（Leadership）の3分類**だ。TとCとLは、いわゆる職能の専門性の土台となるコンピテンシーにあたる。例えてみれば、アスリートの身体能力のようなものだ。サッカーの技術や、野球の技術や、体操の技術などの具体的な専門性はその身体能力の上に培われていく。身体能力が高ければどのスポーツでも有利なように、TやCやLが高ければ、どの職能についてもその専門性の習得度合の上限、そしてその職能における成功確率が高くなる。

またTとCとLはどの職能を選ぼうがどれも重要とも言えるが、どれが秀でているかによって向いている職能があるし、逆にどれかが決定的に弱い場合は、その弱さが致命的にならない職能を選ぶようにすれば良い。わかりやすく言うと、コミュニケーションが何よりも苦手な対人恐怖症の人は、営業スキルを生涯の武器に選ぶのはやめた方が良いということだ。数字を見ると蕁麻疹《じんましん》が出る人は、決してファイナンシャルアナリストを目指してはいけない。身体能力でも特に持久力に優れた人は、素直に長距離種目を目指せば良い。オノで髭《ひげ》を剃《そ》ったり、カミソリで杉の木を切ったりするのはもったいない！

しかしながら、TもCもLも、どの職能に就こうがある程度は必要だ。全くTを使わない仕事はそもそもないし、あまりにTが弱いとどんな職能でも使命を果たすことは難しいだろう。Cが完全に要らない仕事もない。全く人と関わらなくて良い仕事はなかなかないし、社会性が全く欠如していては組織の中で人間関係で潰れてしまうリスクが上がる。Lは、たいそうな管理職や起業家にだけ必要なのではなく、自分起点で世界に対して何らかの影響力を行使する強さのことだ。したがってLがゼロの人がいたとしたら、自分というものが全くなく、人に言われたことしかできない。そんな人はほとんど役に立たない。成功するためにはどれもある程度は必要だ。

●Tの人：考える力／戦略性が強みになる

典型的な動詞：〃考えることが好き〃、〃問題を解くのが好き〃、〃人と議論をすることが好き〃、〃勝つための作戦を考えることが好き〃、〃数字や計算することが好き〃、〃勉強することが好き〃、〃興味ある領域を研究することが好き〃、〃分析することが好き〃、〃知ることが好き〃、〃予想を当てることが好き〃、〃最小の努力で最大の成果を狙うことが好き〃、〃戦略ゲームで遊ぶことが好き〃、〃誰も考えつかない新しいことを思いつくことが好き〃等々がある。

典型的な趣味：Tの人は知的好奇心が満たされるものが趣味になっている。また、日常的に加熱する脳のストレスを癒《いや》すためのものも多い。好き嫌いや、興味の有無がかなり明確に分かれる。象徴的なものでは、やはり戦略系ゲームだろう。スマホ、PC、ビデオゲームなどの暇つぶしは、反射神経だけを使うものよりも〝作戦〟で勝利するものを好む。将棋・チェス・囲碁なども同じ理由。読書やプログラミングが好きな人や、自分の興味がある領域をそのまま研究対象としての趣味にしている人も多い。

典型的な傾向：T属性は、何らかの課題に対して自分の思考力で問題解決するときの〝知的好奇心〟と達成感を満足させて走るタイプだ。**暇になると無意識に課題を設定して頭を使って遊んでいる**。いろいろ考え事に耽《ふけ》るのも好きだし、ある課題についてとことん議論するのも好きだし、頭を使う戦略性の高いゲームなどで暇をつぶすのも好きだ。数字が得意な人は、車の渋滞で前の車が動き出すまでにナンバープレートの数字をゼロにするゲームなどの類似行為を無意識にやっている。Tの人は、行動するよりも先に考えることが習慣化しており、心配性な人も多く、いろいろ考えすぎて山に登れなくなることがよくある。人からは「理屈っぽい」と思われることも多い。

たいていの人が興味のある範囲ならばとことん考えられるし、考えることが好きだと思うかもしれない。しかし、それがすなわちT属性かといえば少し違う。それは、本当に〝考えることが好き〟なのか、単に〝好きな情報に触れるのが好き〟なのかの違いだ。ある人が大好きなジャニーズ・タレントのさまざまな情報にアクセスしてハマっていることは、T属性ということにはならない。その人はその商材が好きなのだ。

Tの人は与えられた情報だけでは満足しない。自分の頭を使わないと楽しいと感じないからだ。興味ある範囲でなんらかの〝研究テーマ〟を自分でセットして、それを考えること自体を楽しんでいるものだ。応援しているアーティストならば、「最近は楽曲の傾向が変わってきたが、今後はどのような志向性で進むのだろう？」とか、「彼がもっと売れるためには、レーベルを変えて、メディアへの出方もこう変えるべきではないのか？」など、そんな自由研究（？）を無意識でやっている。謎が好き、そして謎を解くのが好きなのだ。

●Cの人：伝える力／人と繋がる力が強みになる

典型的な動詞：〝友達や知り合いが増えることが好き〟、〝人と会うことが好き〟、〝話すことが好き〟、〝話を聴くことが好き〟、〝SNSで多くの人と繋がることが好き〟、〝人が集まるところ（パーティーや飲み会）に参加するのが好き〟、〝人に人を紹介することが好き〟、〝噂話をしたり聴いたりするのが好き〟、〝ファッションアイテムを見ることやオシャレを楽しむことが好き〟等々がある。

典型的な趣味：Ｃの人は人脈づくりが趣味のようなものだ。興味は多彩で、その人にとっての人との繋がりや社交性を満足させるもの、あるいはその社交性を補強するものを趣味としている人が多い。ＳＮＳでＬＩＮＥやインスタグラムを盛んにやるのもＣの人。いわゆる〝パリピ〟も典型的なＣの人。人脈を広げるために茶道やティーセレモニーなどを習う人も多く、ゴルフや旅行などの社交場のイベントも、嫌々ではなく楽しみながら積極的に幅広くこなす。また、人にどう見られるかがとても気になるので、ファッションに凝る人は非常に多い。飲み屋、レストランの穴場、旅行先の情報などにも異様に詳しい。

典型的な傾向：Ｃの人は総じてコミュニケーション能力と社交性が高いのが特徴だ。人と仲良く過ごすこと、人との繋がりがより広くより濃くなっていくことが、生きるモティベーションになっている。表情は豊かでチャームのある人が多く、話し上手でしかも聞き上手が多く、人当たりがよく、人との間合いの取り方も上手い。もちろんＣの人でも相性の悪い相手はいるし、人間関係で悩むことはあるのだが、モティベーションの根っこがやはり「人と繋がること」から生えているのが特徴だ。ＴやＬの人に比べて、コミュニケーションを成功させるために、相手との〝必殺の間合い〟に飛び込む力、つまり「人に好かれる才能」に秀でている。個人的には腹が立つくらい羨《うらや》ましい（笑）。

それほど親しくなかった古い知り合いから結婚式の招待状が届いたとき、私なら「なんでやねん……」となるところを、素直に「嬉しい」と思えるのがCの人だ。**人との繋がりと、その繋がりを広く太く持てている自分自身に価値を置いている**ので、向こうが自分のことを結婚式に呼ぶくらい大事に思っていてくれたことに、自己肯定感が増して「嬉しい」と思うのだ。

Cの人は、人が集まる会合や、初対面の人と会う仕事も苦にならない。人とすぐに仲良くなれたり、人に好かれたり、人とうまくやっていくことに子供の頃から培ってきた自信があるからだ。その自信が外交的で活発な社会生活を送ることを可能にしている。結果として「XXさんを知っている」とか「YYさんは友人だ」などと必要に応じて言えることがCの人にはとても大事。周囲には、良くも悪くも「八方美人」として映るが、チャームがあって社交的なCの人は、どの集団においても人気は高い。

●Lの人：変化を起こす力／人を動かす力が強みになる

典型的な動詞：〝何かを達成することが好き〟、〝高い目的を定めて挑戦することが好き〟、〝仕切ることが好き〟、〝大きな変化を起こすことが好き〟、〝自分で決めることが好き〟、〝人々を引っ張っていくことが好き〟、〝集団において責任ある役割を担うことが好き〟、〝自分なりの正義感に突き動かされて衝動的に行動することが好き〟、〝後輩などの世話を焼くのが好き〟、〝人に夢を語ることが好き〟、〝人を勇気づけることが好き〟等々がある。

典型的な趣味：達成感を味わうことが生きがいなので、趣味もその嗜好《しこう》を反映したストイックなものが多い。趣味の種類はTの人やCの人と重なるが、スポーツやアウトドアなどへの取り組み方が、常に何らかの〝達成感〟を求めてしまう凝り性なのが特徴だ。敢えて傾向を挙げると、自分の中で挑戦する目的が明確になりやすい趣味だ。ランニングやマラソンやジム通いなどは特徴的だ。トライアスロンに挑戦する人に経営者が多いのは、L属性の割合が多いからではなかろうか。フィジカルな趣味でなくても、Lの人が興味を持つには挑戦しがいのある難易度と奥行が必要だ。ある程度の達成感を感じてしまったり、逆に難しすぎて達成感を味わえないと悟ってしまうと俄然《がぜん》、それまでの興味を失ってしまう。趣味仲間からは一目置かれつつも、結構しんどいやつだと思われている。

典型的な傾向：Lの人は、とにかく挑戦することと、達成することが大好きだ。自分が行動することで、自分の見える世界に良い変化が起こることを生きがいにしている。取れるリスクの大きさは経験によって差があるが、基本的にはTの人やCの人よりも、リスクをリスクだとあまり重く感じない傾向がある。何かに挑戦することが好きなので、成功体験だけでなく、挑戦して失敗した挫折経験もそれなりに持っており、精神的にタフな人が多い。

L属性の人は、集団の中でよく目立つボス的な存在で、人が集まればなぜかリーダー役を担うことが多い。そのリーダーシップの才能は統計的には子供の頃から発現することがわかっている。学校においては生徒会長（副会長）や、部活でもキャプテン（副キャプテン）、クラスでも委員長（副委員長）などの世話役、統率役を頻繁《ひんぱん》にこなしてきたような人が多い。大学の仲良しグループでもやはり自然にリーダー役になる。過去にそういう役回りを多くやってきた人かどうかでL属性の有無は比較的わかりやすく判断できる。

Lの人は「お山の大将」になるのが好きだ。権力欲にも通じるものがあるが、自分を中心に世界を回転させたい願望を根っこに持っており、それに近い気分を実感できる役割をくれる集団のために、己の多少の痛さや損は顧《かえり》みず、正しいと思うことに粉骨砕身《ふんこつさいしん》することができる。目的意識が強く、そのために少々の困難にはへこたれずに、その達成のために周囲を巻き込んで邁進する。

ナスビは立派なナスビになろう！

●君の強みは何か？

先ほどの好きなことを抽出した「動詞」のポストイットを、この3つの系統の中で一番近いところに仕分けして、どんどん貼りつけていって欲しい。どう考えてもこの3つに全く当てはまらないものは除外しても構わない。「寝ることが好き」とか「食べることが好き」というのはTCLに関係なくみんな好きだから、第4の「それ以外」の紙に集めて欲しい。あまり深く考えすぎてはいけない。傾向さえわかれば良いのだから、どしどしポストイットを仕分けしてみよう。

50〜100枚を仕分け終わった後に、ポストイットが最も集中している系統こそが君の属性を表している可能性が高い。経験上、8割以上の人は最も集中するものがTかCかLのどれか1つに顕著に現れ、その比率はT：C：Lがだいたい3：3：1となる。実はL属性の人は少ないのだ。また、中には2系統に集中する人もいれば、僅かながらに3系統に見事に分散する人もいる。

1系統に集中する人は、非常に明確な強みがそこに現れている。勝ち筋はクリアなので、その系統を活かす職能を選んで、それを磨ける就職先を追求することに迷わなくて良い。2系統に集中する人（私もそうだが）は、その2つが強みとなる可能性が高く、残りの1つが際立った弱点である可能性が高い。その組み合わせが武器となるように勝ち筋を考えていく。

3系統に分散する人は特徴がないように思えて、実はそうではない。何でもそこそこ好きだし、何でもできる器用さも持っており、それは極めてレアな特徴だ。ただし、何でもできるので消去法がなかなか使えない。このタイプの人は職能の選択に人一倍悩んでしまうだろう。しかし、せっかく珍しいのだから、その器用なところを活かす。何でもまんべんなくできないと務まらないような職能、それを選べば己の特徴を武器にできるので上策だ。

●番外編：Iの人

ビジネスパーソンの基礎能力となるT、C、Lの3つに大きく分けて、自分の特徴をざっくりと把握する方法を説明してきた。敢えてもう1区分だけ増やすとすると、Innovation（革新性）や、Imagination（想像力）や、Creativity（創造力）などの言葉が意味する「面白いことを考えられる領域」を加えてみたくなる人は多いのではないだろうか？　仮にその特徴をここでは「Ｉの人」と呼んでみよう。Ｉの人は、想像力に溢れており、人の考えつかない発想をしたり、コロンブスの卵のようなアイデアを生み出したり、今までの延長線上にはないものを創造することが好きだ。

このⅠの特徴を**イノベーション思考として〝考える力の派生〟と捉えれば、Ｔ属性の１つとも言える**。実際に、私のいる戦略構築や高度な数値分析などの世界でも、多角的な視点に加えて、着眼点や発想のユニークさは日に日に重要になっている。またそれをCreativity（創造力：新しいアイデアを発想する力）と捉えれば、クリエイターや芸術家などの職能における専門スキルと捉えることもできる。その場合は、法曹界を志す人にとっての論理的思考のように〝職能の専門スキル〟という区分けになるだろう。

したがって、この３区分を複雑にいくらでも細かくはできるが、増やせば増やすほど実用性がどんどん下がるので４つ目の正式採用は見送り、よりファンダメンタルで大きなくくりの３つによるシンプルさにこだわることにした。上記の３区分のエクササイズでは、Ｉの要素はＴに含めて考えることにしよう。

しかし「Ｉの要素」の重要性だけは強調しておく。Ｔの人だけでなく、たとえばＬの人も自分が社会に変化をもたらすのが生きがいなのだから、人生そのものが〝Ｉの人〟のようなものだ。すべての人にとっても、ＡＩが多くの職を侵略してくる君たちの時代に、人間ならではの付加価値の多くはＩの要素が生み出すだろう。

●強みを活かして職能を選ぶには？

君のＴ、Ｃ、Ｌの傾向は、どのような結果になっただろうか？　今まで見てきた君の成り立ちから考えると、おそらく結果は極端な〝Ｔの人〟だったのではないかな？　思い切りＴに偏って、東京スカイツリーのように尖《とが》っているパターンではないかと、ちょっとワクワクしながら予想している。

それをバランスが足りないなどと少しでも悲観的に捉えてはいけない。これはあくまで君の中の相対的な特徴を捉えるためのエクササイズなのだから、自分の傾向が見えたならまずは万歳だ！　どんな特徴もポジティブに捉えて欲しい。持って生まれた特徴は君の宝物なのだから。

君の場合のような、バランスを無視した偏りがあること、それも1つの天才だ。考えることが好きな自分＝考えることで勝負することを運命づけられて生まれてきた自分だと思えば良い。堂々とTの人として突き抜けるしかない！　残された問題は、どの分野でその力を磨いていくかという選択だ。君の場合は「考える力＝思考力≒問題解決能力≒戦略的思考能力」だ。これらの領域にある君自身の強みをどうやって活かして、どのような職能を構築していくべきなのか、それを次に解説しよう。Tの人、Cの人、Lの人、それぞれに向いている職能の傾向がある。

●Tの人に向いている職能

知的好奇心をガソリンにして考える力を磨き、より大きな結果を出す、その好循環でキャリアを作っていくのが基本戦略となる。職能全般に有利なT属性だが、敢えてTが特に活きる職能としては、ファイナンス、コンサルタント、研究職、各種の士業、アナリスト、マーケティング、企画系など、知的労働の難易度と濃度が強い職能においてTの特徴はより有利に働くだろう。

Tの人は、自分が考えて突き詰める対象に〝興味が持てる領域〟を選ぶことが何より重要

だ。考えることが好きで得意だとは言っても、それは自分にとって〝知的好奇心〟を刺激する分野についてであって、興味のない分野のことを考えることは苦痛になる。Tの人でも日本語よりも数字が苦手な人はいるし、その逆もいる。したがって、Tの人は知力を傾けるに足る情熱が湧くジャンルを選ばなくてはならない。職能はそのベクトル上で選ぶのが基本となる。

わかりやすい例を挙げると、もしも興味が湧くジャンルが法律や法務なら、法務における問題解決のエキスパートという職能を選び、具体的な進路は法曹界に進んでさまざまな士業（弁護士、弁理士、行政書士）や企業における法務部で経験を積むことが考えられる。同様に財務や税務や会計に興味が湧くなら、公認会計士や税理士などの士業や、企業における経理財務のキャリアとなる。マーケティングに興味が湧くならマーケターを目指せば良い。金融に興味が湧くなら専門分野が多岐にわたる金融業界で、その中でも更に興味が湧く領域を見つけて専門性を養えば良い。

もし他人との相対比較においても思考力がそこそこ強いのであれば、はっきり言って、その人の特徴を活かせる職能はすべてだ。思考力に優れた人間は、頭が良いので、どの職能においても成功する確率が高い。仕事を覚えるのも早いし、仕事を要領よくソツなくこなし、今までのやり方に改善点を見出すのも得意だし、習得可能なスキルレベルの天井がずっと高いところにあるし、はっきり言うとすべて有利に影響する。ビジネスの世界に進んでも頭脳に秀でた人材は広く重宝されるが、その場合は**いかに早くビジネスに役立つ戦略的思考力を身につけるかが重要**になるだろう。キャリアのできるだけ早い段階で、自分の職能領域を広い視座で俯瞰《ふかん》できて、実戦経験や良質なトレーニングを多く積める環境があれば非常にラッキーである。

Ｔの人が職能で突出すると、もしＬ属性が伴っている場合は、ビジネス界では経営階層に抜け出していく確率が高くなっていく。かつてのＵＳＪのＣＥＯグレン・ガンペルは強烈なＴ型の経営者だった。かつて対談させて頂いた、セブン-イレブンでコンビニ文化を創った鈴木敏文さんも突出したＴ型の経営者だと感じた。私はまだお会いしたことはないが、表に出ている言動からはアマゾンのベゾス氏などもそのように見える。

●Cの人に向いている職能

強い対人コミュニケーションを武器に使い、人と人を繋げることで新たな価値を生み出していく職能において秀でていくのが基本戦略となる。Ｃの人は人を相手にする職能全般で有利であるが、その代表的なものとしては、プロデューサー業、営業職全般、PR／広報の専門家、ディールメーカー（交渉人）、多くの関係者を巻き込む企画職（広告代理店など）、ジャーナリスト、政治家など、人脈構築力がものを言う職能が有利だ。

どんどん交友関係や人脈を増やしていくことに積極的なCの人は、中でもプロデューサー業においてその真骨頂を発揮する。多くの人とアイデアを繋げるハブであるプロデューサー業は、アイデアを持っているクリエイター、制作サイドのあらゆるエキスパート、プロモーションや販売計画を担うビジネスサイドの人たち、資金提供者である投資家や銀行など、あらゆる人たちを巻き込んで、プロジェクトを形にしていく。

また、営業全般に向いているのはCの人の強みだ。ちなみに営業スキルに秀でることは、AI時代においても最も食いっぱぐれにくい選択の1つではなかろうか。なぜならものを買うのが人である限り、買う側が安心と信頼を買いたい構造も変わらない。**購買決定の最終段階で顧客心理に直接シュートを撃ち込める営業スキルは、企業にとっては売上構築の〝最終兵器〟であり続ける**だろう。

それゆえにどの時代においても最も需要が多い職能であり、トップセールスの年収が会社によっては社長よりも高くなることはザラにある。しかも一度身につけた営業スキルの根幹は、会社を変わっても非常につぶしが効くことも大きい。もちろんCの人でなければ営業として成功できない訳では全くない。Tの人も、Lの人も、それぞれの特徴を活かした営業スタイルで成功できるだろう。対人スキルに大きな不向きがなければ多くの人が一度は検討すべき職能の1つだ。

人と人を繋げるネットワーク力以外にも、**Cの人には伝える能力に特徴を持っている人が多い**。プレゼンが上手くなる素質を備えている人が多いのだ。もちろん訓練と経験を積まねばならないが、同じことを相手に伝えるのにより明快に好感度をもって伝えられるHOWの領域が強い人は重宝される。企業のPRや渉外などの外交官的な役割にも向いているし、対顧客プレゼンが極めて重要な業態において、力を発揮できるだろう。その強みを徹底的に磨いて必殺技としての〝プレゼンの鬼〟になるのも良い。プレゼンの鬼は、どんなチームにも一人いてくれたら本当にありがたいものだ。

●Lの人に向いている職能

高い目的意識で自分が起点となって周囲を動かし、組織に高いパフォーマンスを発揮させ

る能力を武器にキャリアを切り拓いていくのが基本戦略となる。Lの人が向いている職能の代表的なものとしては、組織統括能力や意志決定能力を磨いていった先に、管理職、経営幹部、経営者などのマネジメント職がある。また、横方向でもチームを束ねて目的へ向かって推進していく仕事、プロジェクトマネージャー、プロデューサー、研究開発リーダーなどに向いている。社内においてそのようなプロジェクトリーダー的な役割を兼務することが多いマーケターにも向く。

Lの人は、人に結果を出させる強みに長けている人が多い。最も本領を発揮するのはLの人が〝組織〟を預けられたときだ。自分が直轄《ちょっかつ》する組織の統率はもちろん、関連する他部署やキーパーソンを巻き込んで、目指している目的に向かって集団としてのパフォーマンスを向上させる。もし自分がL属性に突き抜けて偏った特徴を持っているならば、どの職能から始めたとしても早く管理職に上がっていくことを目指すべきだ。上に上がれば上がるほど力を発揮する可能性が高い。

Lの人は自分を起点に変化を起こすことが得意だ。会社のどの階層に置こうが、たとえ職務権限がなくても情報や意見を活発に発信し、周囲に影響力を行使することで自分の世界をより良く変えようとする。自分の責任外にも関心を持ち、お互いの連携を考え、間にボールが落ちないか、自分以外の周囲がよく見えている。L属性が強い人は、いわゆる〝指示待ち族〟にはならず、自分で考えて自分から動けるようになる。むしろ人からあれこれ細かく指示されることは好まず、自分で決めることに喜びを感じる人も多い。そして逆境にも強い。

それらのLの人の特性は、どんな職能においても非常に重宝されるので、Lの人がどの職能においても有利な特徴なのは間違いない。また、起業家や経営者として成功する確率が高いのも、やはりL属性だろうと私は考えている。**L属性は人を使う能力に長ける特徴**だから だ。自分に足らない能力があったとしても、Tの人でも、Cの人でも、Lの人でも、必要な職能を持つ優秀な人を雇って気持ちよく働かせることができる。L属性の強い人は、ビジョンを語って組織の目的を明確にし、人々のモティベーションを上げて、組織全体のパフォーマンスを高めることができる。束ねる組織が大きいほど輝きを増していくのだ。

ここまでT、C、Lの大まかな3区分でざっくりと自分自身の特徴と、それぞれに合った職能の傾向を一緒に考えてきた。ここまでのエクササイズで、自分の将来進むべき大まかな方向性が少しは見えてきただろうか？　自分が持っている凹凸がどんなもので、どの特徴を集中して磨けば、それが宝物に化けそうか、なんとなくイメージがつかめただろうか？

Thinking Tの人

好きなこと

考えること、問題を解くこと、人と議論をすること、勝つための作戦を考えること、計算すること、勉強すること、研究すること、分析すること、知ること、予想を当てること

特徴的な趣味

戦略系ゲーム、将棋、チェス、囲碁、読書、プログラミング

向いている職種

ファイナンス、コンサルタント、研究職、各種の士業、アナリスト、マーケティング、企画系

Communication Cの人

好きなこと

友達が増えること、人と会うこと、話すこと、話を聴くこと、SNSで多くの人と繋がること、人が集まるところに参加すること、人に人を紹介すること、オシャレを楽しむこと

特徴的な趣味

SNS、パーティーやゴルフ、旅行などのイベント、ファッション、グルメ情報

向いている職種

プロデューサー業、営業職全般、PR／広報、交渉人、広告代理店、ジャーナリスト、政治家

Leadership Lの人

好きなこと

何かを達成すること、目的を定めて挑戦すること、仕切ること、変化を起こすこと、自分で決めること、人を引っ張っていくこと、責任ある役割を担うこと、人の世話を焼くこと

特徴的な趣味

ランニング、ジム通い、トライアスロン、ストイックなもの

向いている職種

管理職、経営者、プロジェクトマネージャー、プロデューサー、研究開発リーダー

ある程度のSelf Awarenessを持てば、あとは世の中にたくさんある職能をどんどん調べて知っていけば良い。OB／OG訪問や、知り合いから実際の話を聴く機会も、質問の焦点が定まっているのでより有意義な時間に変わるだろう。それらの自分に向いていそうな〝たくさんの正解〟の中から、いくつかを候補として引っ張り出して、もっとあれこれその職能のことを考えればいい。考えるべきは1点。自分のどんな特徴がその職能で活かせそうか？　排除すべきは数少ない不正解、それだけである。

●そして職能を積める戦場へ進め！

ここまでで君も実感していると思う。**ナスビがナスビだとわかっていることは非常に大切だが、実はそれが一番難しいのだ**。人のことは比較的よくわかる。でも、自分がナスビなのか、トマトなのか、キュウリなのか、タマネギなのか、そもそも何を目指すのか、何がしたいのか、そういうことが全くボンヤリしたまま二十数年を過ごしてしまうのが典型的な日本人だろう。私が君の年齢のときもそうだった。

ボンヤリが二十数年で済めばまだ良いが、実際には就活でさえ自分が何者なのかよく考えずにとりあえず就職して、与えられる目の前の仕事に日々忙しく過ごして、ますますじっくり考える時間や心の余裕がなくなり**〝戦略なきキャリア〟**のままでずっと過ごしている人もいる。「あなたは何ができますか？」という質問に答えられるのはいつになるのだろう？

欧米のような個人主義の文化では、たとえ嫌でも自分という〝個〟について幼少期から自覚を促される教育を、家庭でも学校でも受け続ける。しかしゼロから何かを生み出して全員で分ける農耕民族を長く続けてきた日本人はそうではない。全体として自分たちがどうあるべきか、集団の中で自分はどんな善良な構成員であるべきかという道徳律は良く教えるが、個の自覚を促す教育は伝統的に貧弱だ。日本が世界でも稀な安心安全な高信頼社会なのは、全体主義で道徳を重視する文化と教育のプラスの側面のおかげである。

しかし、結果的に今のままのやり方では、日本では自分が何者かわからないというSelf Awarenessが低い人の方が多いままになる。Self Awarenessが低い親がSelf Awarenessの低い子供を育てる循環が回っている。**〝個〟としての自覚を促していくノウハウが日本社会には蓄積されていない**のだ。

昭和の時代ならば、レールが〝はっきり〟そして〝しっかり〟していたからそれで良い。皆で勉強して、皆で偏差値の高い大学を目指して競争して、皆で一流の大きな会社に入って、皆で一生懸命働いて、そうすれば皆を会社が一生面倒見てくれる。ややこしいことを言う個性の強い人間よりも、事務処理能力だけは高くてできるだけ従順な大量の〝歯車〟が必要な時代だった。**かつての日本では〝個〟の覚醒など要らなかった**のだ。

しかし今はそんな時代ではない。**一旦レールが見えなくなると、古い意識と社会システムから抜け出せず、世界との競争で日本は成長なき〝空白の30年間〟を停滞してきた**。一昔前は世界経済で圧倒的だった日本は、今では一人当たりGNPでとっくにシンガポールに大きく抜かれている。日本のサラリーマンのかつての夢だった年収1千万円でも、今は楽には暮らせない時代になった。日本の経済力が相対的に約半分に低下しているからだ。わかりやすくいうと、今の年収1千万円の暮らしは、昔の世帯平均年収だった年収5百万円の暮らしに近く、昔の1千万円の暮らしをするには今では2千万円くらい稼がないといけない。今の年収1千万円の世帯の暮らしが、一昔前の豊かだった日本では普通の家庭の平均的な暮らしだったということだ。日本があんまり安く貧しくなってしまったから、大量の外国人が旅行で押し寄せるようになった。インバウンド激増はそれだけ日本の国力が相対的に落ちた結果だ。

君たちの世代には全く罪はないので申し訳ないことだが、この30年で日本がどれだけ貧しくなったか想像して欲しい。そしてこの先はどうなるか？　このまま日本人がボンヤリしたまま、〝ワークライフバランス〟とか寝ぼけたことを言っているとますます落ちるだろう。Work is an important part of your lifeではないのか？　二者択一でバランスをとってどうする！　もともと資源にも恵まれていない小さな島国が1億2千万人も食べさせないといけないのに、ライフのために必死に働かなくてどうする？

〝勤勉さ〟こそが日本人の最大必須の強みなのに、猛烈に働かなくてどうするのだ？　豊かな暮らしがしたいなら、最低でもアメリカ人よりも倍くらいは必死に働かないとまずい。そんなことは世界地図を見たら直感的にわかるだろう。世界は繋がった競争社会だ。日本人がのんびりすることで得をするのは日本人ではない。ゆとり教育を否定した大人は、今の大人の方がよほどの〝ゆとり〟に浸かろうとしている自堕落《じだらく》な風潮を反省すべきだ。30年間も失敗し続けてきたのだから、日本人もいい加減に目を覚まして〝必死〟にならねばならない。昭和のやり方では古い、平成のやり方でもまずい。これからの我々は、**戦略的に準備して、精神的に戦うのだ。**

Self Awarenessの低さは、個人間の競争においても非常に不利に働く。資本主義は、欧米型の個人主義を競争原理の基本構造にしているからだ。自分の凹凸がわからなければ、自分のどの能力に集中して投資すべきかがわからない。**時間や精神力や体力には必ず限界がある。戦略なきキャリアは間違いなく〝負けのレシピ〟となる。**競争社会でキャリアを成功させるために不可欠な、自身のリソースを投資する〝選択と集中〟を難しくしてしまうからだ。

新卒のSelf Awarenessが低い日本人が、そのまま（P&Gのような）グローバル企業に入って、強烈な個人主義で鍛えられてきたアメリカ人やインド人や中国人の〝上澄み〟と本気で競争しても勝つことは極めて難しい。日本人が自覚を整えつつある間に勝負はついてしまう。実際に日本の中でしか使えない〝日本人問題〟は多くのグローバル企業で共通のリアルな問題になっている。本質は英語力の問題ではない。知能は高くても競争に勝つために必要な行動ができないのだ。そのSelf Awarenessの低さによる〝戦略なきキャリア〟が問題なのだ。

まずは己を知り、君の特徴を活かせるたくさんの正解から1つの職能を選び、その職能を積める戦場へ進まなければならない。**就職するなら身につけたい職能で配属してくれる会社をできるだけ選ぶべきだ。**新卒の場合は職能を約束してくれる会社は多くはないだろうが、自分の目指す職能とその理由を、採用する会社の側にメリットがあるようにちゃんと伝えなければならない。この人間をどこで使った方が会社のメリットは大きくなるか？　会社はそれを考えている。最初は別の部署で始めて、ゆくゆくは希望の部署にも転属できるようになると言っている会社よりも、最初から希望の専門性を経験できる配属をしてくれる確率が高い会社の方が、職能の観点では魅力的な選択ということになる。

しかしながら、**ここで職能での確度を優先するのか、他の「軸」を優先するのかの判断はその人次第だ**。職能に関して譲れない確固とした希望があるならばそれを最優先の「軸」として選べば良い。かつての私のように、経営者になりたいという漠然とした目的に対し、職能ははっきり言って、営業スキルか、ファイナンススキルか、マーケティングスキルのどれでも良かった状態ならば、その3つの職能範囲に配属が収まる限りにおいては、別の軸を優先して選んでも良いだろう。いずれにしても、君の「軸」次第だ。

避けた方が良いのは君にどんな職能が身につくのか想像がつかない会社だ。その会社の30歳前後の人に何人か、どんな職能を持っているか、今どんな権限で何の仕事をしているか、聞いてみたら良い。明快な答えが返ってこないのであれば、それはプロを育てない組織である可能性が高い。実際に多くの企業のシステムはそれに近い状態になっているから気をつけねばならない。会社から割り振られた仕事を黙々とやり、適当にローテーションされながら、広範囲を知るゼネラリストをつくると言われても、真実はどの領域においてもプロではない中途半端な人材を大量生産させてしまっている。そんなシステムに人生を委ねたいか？　という話だ。
大昔の高度経済成長の時代なら日本企業がみな右肩上がりだったからそれでも良かった。しかしこの時代は、規模の成長ではなく、企業同士が小さくなっていくパイの中でシェアを激しく削り合う質的な戦いの中で生き残っていかねばならない。中途半端な人材を多く抱え続けられる企業は少ないのだ。**中途半端な人ほど途中で放り出されるリスクは日に日に増している**。

そして気がつけば、20代はあっという間に終わり、30代も飛ぶように消え、40代ではますます年月の進むスピードは速まり、すぐに50代の足音が聞こえるようになってくる。そして人生100年時代などという恐ろしい言葉が飛び交う高齢化社会において、定年退職の時期や年金受給開始時期はどんどん遠のき、働き手としての職業人生は60歳ではなく、65歳、70歳とどんどん伸びていくのも間違いない。

気がついたのならば何歳になっても遅すぎることはないが、気がつくのは早い方が良いに決まっている。**できるだけ早いうちに、できるだけ頭が柔らかいうちに、スキルを高める挑戦を意図的に選ぶ旅を始めるべきだ**。それができる人は、同程度の能力を持っていてもそれができない人に比べて、圧倒的にキャリアの成功確率が変わってくる。向こうは磨かないままの原石、こちらは意志を持って宝石に磨きあげていくのだから、光り方が違うのは当然だ。まるで勝負にならない。キャリアの実績が目に見えて違ってくるし、10年も経てば年収も全く違ってくる。必要ならば選べる転職のオプションもまるで違ってくる。

自分が主役の人生を送りたいならば、ゾンビが平和に暮らしていた昭和のファンタジーにつきあっていてはいけないし、自分の職能を自分以外の誰かに決めさせてはいけないし、プロを育てない組織に身を委ねてはならない。一人の人間として、一人のプロとして、特徴を活かすことでキャリアを自律していかねばならない。もともと持っていた特徴を強みとして活かしてまっすぐ伸ばす。今の環境でどうしても特徴を活かせないなら、活かせる環境を探してそこで新たに頑張るのだ！

私がP&Gに入社したときに非常にお世話になった同じマーケティング本部の数年上の先輩にFさんという人がいた。彼は、非常に先読みが利く優秀な頭脳と、物事の仕組みを理解することに異様な緻密さと情熱が湧く変わった〝特徴〟を持った人だった。しかし、彼はマーケティング本部において要求される独特なリーダーシップを弱点として指摘され続け、遂には「あなたはブランドマネージャーにはなれない」と会社に言い渡されてしまう。

それを受けて彼は〝社内転職〟を決意した。マーケティング本部からロジスティックスをリードする生産統括本部に異動したのだ。これが見事にハマった。彼の〝特徴〟が生産統括本部では見事に活きて炸裂《さくれつ》したのだ　彼はあれよあれよという間に、重要な海外アサインメントを幾つも経験するエースとなり、大工場長になるなど大活躍の大出世を遂げたのだ！　彼本人も振り返って、あのときにマーケティング本部で引導を渡されてラッキーだったと言っていた。このように、特徴と環境がフィットすると、人の可能性は爆発する。

ナスビには、ナスビに適した土壌があるということだ。ナスビを合っていない土壌の事情に無理矢理合わせたり、ましてキュウリにしようとしてもダメなのだ。それをやってしまうと、ナスビはただ残念なナスビになってしまうだけだ。**自分がナスビなら立派なナスビへ、キュウリなら立派なキュウリになるように、ひたすら努力を積み重ねれば良いのだ**。自分の特徴をよく知って、強みを磨いて、その強みがより生きる文脈へ泳いでいけば、君が持って生まれてきた可能性はＦさんのようにきっと大きく花開くだろう。

第4章

自分を
マーケティングせよ！

面接で緊張しなくなる魔法

●なぜ人は緊張するのか？

君はこの春の就職活動で、連日の採用面接を何度も何度も経験するだろう。これまで私は、採用される側の立場も経験したが、採用する立場として何百人どころではない就活生を面接して来た。その経験から言うと、君の就活での面談も、多くの先人たちがそうだったように、大半は思ったようには上手くいかないと思っておいた方が良い。そういうものだと肩の力を抜きながらこの話を聴いてほしいのだ。就活面接に限らず、今後幾度となく経験することになる大事な会議でのプレゼンや、もっと多くの人の前に立つときに、君のパフォーマンスを大きく上げるための私の助言をまとめようと思う。

大前提として私が信じているのは、**「伝え方（HOW）」よりも「中身（WHAT：何を伝えるか）」こそが、遥かに重要な意味を持つ**ということだ。君の話し方の巧拙よりも、君の話している内容こそが君の価値を決定することを忘れてはいけない。確信を持って言えることは、土壇場において、あるいは人生において、「伝え方が9割」ではなく、「内容が10割」だということだ。伝え方は、中身があって初めて価値を持つ。0に何を掛けてもゼロなように、中身のない話を立て板に水のように話したところで、誰の頭にも心にも響かない。むしろゼロに何かを掛けて響くような会社には、採用されない方が君の人生にとって大きなプラスだろう。

君の就職面接のような場面でも、あるいは私が何千人も前にした講演会でも、最も大事なことは同じだ。話し方ではなく、話しているその「中身」で人をインプレスできるか否か、その1点が評価の分岐点なのだ。ということは、事前準備で集中することも〝どう話すか〟ということではない。〝何を話すか〟だ。**君という人間の価値をより良く理解してもらうための中身の準備こそがフォーカス**なのは言うまでもない。

もちろん中身の100に0を掛けてもゼロになる。あまりにまずいHOWは伝わらないから困るのも確かだ。しかし、普通であれば誠実に日本語を話すだけでHOWはなかなかゼロにはならない。いっぽうでWHAT（中身）は容易にゼロになる。WHATがほとんどゼロなのに気にしていない人の頭上にこそ、死兆星は輝いているのだ。

HOWの前に必ずWHATを考える。そしてWHATを考えるためには、WHOがよくわかっていないと始まらない。つくづくコミュニケーションはマーケティングそのものだと思う。結局は、**誰に伝えるのか(WHO)→何を伝えるのか(WHAT)→どう伝えるのか(HOW)の順番で考えるのが正しい**。でもWHATをロクに考えていないのに、HOWばかりを無駄に悩んでいる人がほとんどだ。HOWで悩む多くの場合は、WHATが弱いことが原因である。内容が薄弱のままで考えているから、伝え方で悩む羽目になっていることに気づいていない。

WHAT(つまり内容)さえしっかりしていれば、それをただ自分の言葉で一生懸命に伝えるだけで良い。話し方にはキテレツなテクニックも何も要らない。まともな会社の面接官であれば、君がどんな人間なのかを知りたいと思ってそこに座っているはずだ。そして、枝《し》葉末節《ようまっせつ》に多少の違いはあっても、どの会社にとっても喉から手が出るほど欲しい人間の中身には共通点が多い。それがT、C、Lだ。芯となる部分は同じと言っても良いだろう。

強い内容の準備が整った後ならば、HOWを準備しておくのはプラスだろう。しかし、ほどほどで良い。意識を取られ過ぎるくらいなら、HOWは出たとこ勝負の方がむしろ良い。君が強いCの人であれば話は別だが、その「上手に話すスキル」というのは、ド短期ではどうしようもないことが多いのだ。明日のプレゼンや、まして10分後の面談には間に合わない。むしろ、上手に伝えようと考えても、自分のスキル不足や準備不足、あるいは不測の質問ばかりに意識がいって、不安をますます増幅させる。その不安が本番で最も恐ろしい敵である「緊張」を呼び込んでしまう。

多くの就活生がそうやって自爆する。企業の面接担当者からどんな質問が来るだろうかと、直前に想定問答を考えて、うまく答えられるように「話し方」を強く意識して本番に臨んでしまう。しかし現場では、思ったような「話し方」の展開にはならない。自分の思いが強ければ強いほど、手から冷たい汗がでて、頭も口も回らず、うまく答えられるどころか質問自体を的確に理解すらできないような状態に陥ることになる。日頃の自分であれば難なくできたはずのことが、プレッシャーのかかる状況では普通にこなすことができなくなる。プレッシャーのかかる状況においては、人間は「緊張」してしまう動物だからだ。

ここで緊張について少し話しておこう。人間は不安があると緊張する生き物だ。個体差は多少あるが、動物は生き残るための本能として、とりあえず生きているならば、その現状からの変化を避ける性質が生まれながらに備わっている。今の山でかろうじて食べていけるならば、隣の山に移動して餓死する最悪を避けようとするのは動物としての本能だ。これはほとんどの動物の脳に備わっている現状維持機能なのだから仕方がない。現代人も脳が不安を察知すると、その不安を差し迫る「変化」だと認識して、意図に反して脳がその行動を敢えて失敗させようとする。

それが緊張の正体、変化を嫌う脳の現状維持機能だ。たとえばプレゼンの場合、それが重大であればあるほど、成功すると生活に大きな変化が起こり、人間関係や仕事の複雑さに大きな変化が起こり、ストレスにさらされて生存確率が下がるリスクを脳は恐れている。そのため判断力や筋肉を普段のように自由に機能できないようにして、そのプレゼンを失敗させようとする。就職活動の面接のときも同様だ。緊張してうまく話せない、頭が回らない、そういうことが起こるのは、本能だから無理もない。

しかし、私はプレゼンテーションでも面接でも緊張はしない。著名な人物と会うときも、何千人の前でしゃべるときも、緊張することは皆無だ。最近の話ではなく、ここ20年間はずっとそうだ。なぜか？　私は、緊張から解放されるための「ある準備」をしているからだ。

「ある準備」とは何か？　それは**自分自身のブランドである「My Brand」を予め設計しておくこと**だ。この準備のおかげで、私は**上手に話そうとは全く思わなくて良い状態**になっている。だから土壇場での不安や気負いがなくなって、面談やプレゼンで緊張から解放され、まさに中身で勝負という軸に意識を集中できる。私という人間が、腹の底から信じているのと同じことを、ただ精一杯に同じように伝えるだけで良いのだ。これで気負う必要がほとんどなくなった。

私は20代の半ばに自分自身をブランド化することを思いついた。最初から不安や緊張を解消する目的で始めた訳ではない。社交性に欠ける自分が、周囲から市民権を得やすくするために始めたのだ。

君もよくわかっているとおり、世間の常識から見ると私はかなりの〝変人〟である。世間と折り合いをつけるのは子供のときから難しかった。自分が良いと思うことをやればやるほど、世間と衝突し、世界は私に罰を与え続けた。私のポジティブな意図が周囲にはなかなか理解されない、そういう星に生まれついている。私は空気を読むのも得意ではない。珍しく空気が読めていたとしても、その空気に従うことはもっと苦手だ。

P&Gの14年間で、最後の上司から言われた最大の改善点は、最初の上司から言われたものと全く同じ「人と仲良くすること」であり、それは小学校の担任が通信簿に書いたことと全く同じだった。「人と仲良くすること」は私の人生の目的にはなりえないので仕方がない。私の母親は幼少期の私を「非常識！」と非難したし、小学校から私を知っている君の母親も「もう、昔からずっと社会性がない！」と昨晩も私を非難した。もはやつける薬はない。

そんな私がP&Gでの忙しい日々、多くの人を巻き込みながら働く中で苦労したのは想像に難くないだろう。相手に好かれるために、あるいは自分の評価を高めるために、誰と話すにも相手に気を遣って向き合って、自分をカスタマイズして見せることはとても難しかった。その弱点が随所に自分のキャリアに災いすることを頭ではわかっていたが、人に合わせることがもともと苦手なので、そういう努力に時間や精神力を割くことは非常に面倒に感じて苦痛だった。どれだけ私が気を遣って努力しようが、どうせ上手くはならない。それがイノシシの習性であり、同時に良さでもあるから難しいのだ。結局は、私は目的のために遠慮なく人と衝突することを選ぶだろう……。

しかし本当は、面倒な職場の人間関係に煩わされずに、もっと好きなことに集中したかった。ビジネスビルダーとして思考の深淵を切り拓いて、誰も考えつかない戦略を生み出すことにひたすら集中したかったのだ。そのために苦手な周囲との折り合いに費やすコストを大幅に下げる方法はないものか？　その切迫した必要性からある方法を思いついた。

マーケティングの手法を使って、自分がコミュニティーで〝市民権〟を得やすい構造をつくることを発想した。自分を1つのブランドとして設計してしまうのだ。そうすれば、毎回相手に伝えることとのパレットは一定で済むし、その方が周囲からの自分への印象も安定するので、評価もイメージも定着しやすいはず。簡単に言えば、「あいつはああいぅ奴だけど、こういうところは価値があるから、まあ、しゃあないな」と思ってもらう。それを一人や二人ではなく、私の周辺に一貫した一定のブランドイメージとして確立する。周囲に私ならではのユニークな価値を理解してもらい、私という人間に少々の棘《とげ》があっても、周りの人の方に「そういう人」だと慣れてもらい、許してもらえるようになる作戦だった。

その効果は、当初の期待を遥かに超えて絶大だった。**「My Brand」の設計図は、キャリアを成功させる3つの効果をもたらす究極魔法の構成式のようなものだった。**

1つ目の効果：プレゼンや面接で緊張することから解放された人生を送れるようになる。

2つ目の効果：自分のキャリア戦略の最重要な指針として機能する。どんなスキルを開発すべきなのか、どんな業界でどんな実績を積んだ方がブランド（自分）は強くなるのか、都度の判断が明瞭になる。

3つ目の効果：最初は理想の割合が多かった設計図にも次第に現実の実力が追いつき、結果として自分の名前で勝負できるビジネスパーソンになれる確率を激増させる。自分のブランド・エクイティーが縦に積み上がっていくのだ。

ここでは私が体得してきた魔法をかける方法を、できるだけわかりやすく君に伝えたいと思う。

ちなみにマーケティングの基礎的な知識や基礎用語の意味をもっと知りたくなったら、『USJを劇的に変えた、たった1つの考え方　成功を引き寄せるマーケティング入門』（KADOKAWA）を読んで欲しい。あの本は当時高校生だった君のために書いたものだ。誰が読んでもわかるようにマーケティングの本質を体系化したつもりだ。

この章に書く内容は、今後の君の長いキャリアにおいて決定的な差を生み出すと私が信じているマーケティング・ノウハウのキャリア戦略への応用である。したがって、マーケティング自体の基礎的な理解は、君自身のために極めて有用な知識であることを再度伝えておく。どの職能に進もうが君の成功のためには、マーケティングの基礎的な考え方を頭に入れ直しておくことを強く勧める。では進めよう。

●君自身をブランドにする！

まずは、「ブランド」について理解しよう。ブランドとは、「フェラーリ」や「ディズニーランド」など、その記号が人間に想起させる「意味」であり「価値」だ。私は、そのブランドこそが、人の頭の中につくられる「売れる仕組み」の本質だと言っている。

たとえば、「トヨタ」が壊れにくい卓越した信頼性をブランドイメージとして人の頭の中に確立できていなければ、世界中でこれほどの台数が売れることはなかった。「吉野家」と聞くだけで目に浮かぶオレンジの看板や牛丼のイメージも、購買者にブランドが選ばれる確率を決定づけている。

ブランドは自然にできるものだと思っている人も少なくないのだが、真実はそうではない。一流のマーケターは、ブランドを意図的に設計したり改造したりするノウハウを持っているのだ。購買者に選んでもらう確率を高めるための要素を選び出し、逆算してそのイメージを組み込んだブランドを購買者の頭の中にイメージとして構築していく。

たとえば、「30年前のハリウッド映画のコンテンツがあるテーマパーク」よりも、「自分が大好きなコンテンツがあるテーマパーク」の方が圧倒的に選ばれる確率が高い。だからそう思われるようにあらゆる策を投入し、USJの集客は倍増した。購買者の頭の中で自社ブランドが選ばれる確率が上がるようにブランドへのイメージを操作することを「ブランディング」という。そのブランディングこそがマーケターの仕事の核心だ。

ならば、自分自身をブランディングしてみようというのが私の考え方だ。ブランディングするために最も必要なものは、人間だろうが企業ブランドだろうが変わらない。それは自分というブランドの設計図だ。マーケティングそのものに詳しくない君は、「自分のブランド設計図ってどういうこと？」と思っているだろう。ざっくりイメージしてもらうために、少々乱暴な言い方をする。自分自身の「キャラ設定」を明確に書き出して、できる限りその設定どおりに日々行動すると思ってくれればわかりやすいだろうか。

ただし、やみくもに設計してもうまくいかない。ブランドの設計は目的次第だが、この場合は購買者が自分という商品を買ってくれる確率を上げるように設計しないと意味がないだろう。面接官や評価されたい相手に選ばれるように設計しなければならない。それが自分自身の選ばれる確率を上げるということだ。つまり買う相手の頭の中にある自分自身への相対的な好意度（プレファレンス）を上げるための戦略を明確にするということだ。私はこれで実際にキャリアをずいぶんと有利に構築できてきたという揺るぎない確信がある。

この「My Brand」を一度しっかりと設計して定義しておく。それをやっておけば、その後が非常に楽になる。面接だろうが、プレゼンだろうが、日頃の行いもすべて、このMy Brandのシンプルな設計図どおりに自分が認識されるよう、一貫した行動を心がけるだけでよいのだ。別の言い方をすれば、「自分」はもう決まっているので、相手によって内容そのものを大きくコロコロ変える必要もない。一貫したブランド定義書である設計図の中から、最も相手に刺さりそうなものを選んで伝え、行動するだけで良いのだ。

このMy Brandは、やればやるほど板についてくる。いちいち、面接の直前にストーリーを構成しなくても良い。繰り返すほどに頭の中に染み込んで、どんどん自然な言葉で語れるようになっていく。当然、心にゆとりが生まれどんどん緊張しなくなる。そうやって私はビジネスにおける緊張から解放された（しかし君も知っているとおり、人前で弾くヴァイオリンではまだまだ酷い〝プルプル病〟が続いている。それはきっと音楽をやる自分があまりに不確かで自信がないからだと思う）。

自分の設計したMy Brandに沿った行動を心がけることで、自分自身がMy Brandの示す方向へどんどん成長してくるのも実感するようになるだろう。脳が絶えず意識している方向へ、どうしても行動が伴ってくるという人間の習性を利用するのだ。現実の自分とベクトルがずれた別人格ブランドを設計していれば話は別だが、少しずつ近づいていくのが自然の摂理だ。

君はちょうどこの春から就職活動が始まるので、まさに今こそが設計図をつくるベストのタイミングだ。まずは「My Brand」を設計してみよう。すべてはそこから始まる。大丈夫、ブランドの設計図の成り立ちと意味は今から教える。今後のキャリアを勝ち抜いていくために、My Brandをどう設計しておくのが良いのか、考慮すべき要点についても忌憚《きたん》なく助言しよう。実戦にどう活かすかはもちろん君次第だ。

●「My Brand」の設計図

まずは設計図のフレームワークとなる次頁の三角形の図式を見て欲しい。この三角形を『ブランド・エクイティー・ピラミッド』と呼ぶ。これがブランドの設計図だ。ただし、より正確に言うと、私が常日頃のビジネスにおいてブランドを設計するときに用いているもっと複雑な図式を、君のブランド戦略のためによりわかりやすく使いやすくなるようにシンプルにアレンジしたバージョンになる。わかりやすいバージョンと言っても、基本となる考え方は、実際のブランディングの設計と共通している。たとえばＵＳＪを経営再建させるために新たにブランドを設計した際も同じ考え方（もっと精緻ではあるが）を用いた。

図形Ⅰ　ブランド・エクイティー・ピラミッド（キャリア開発用・簡易版）

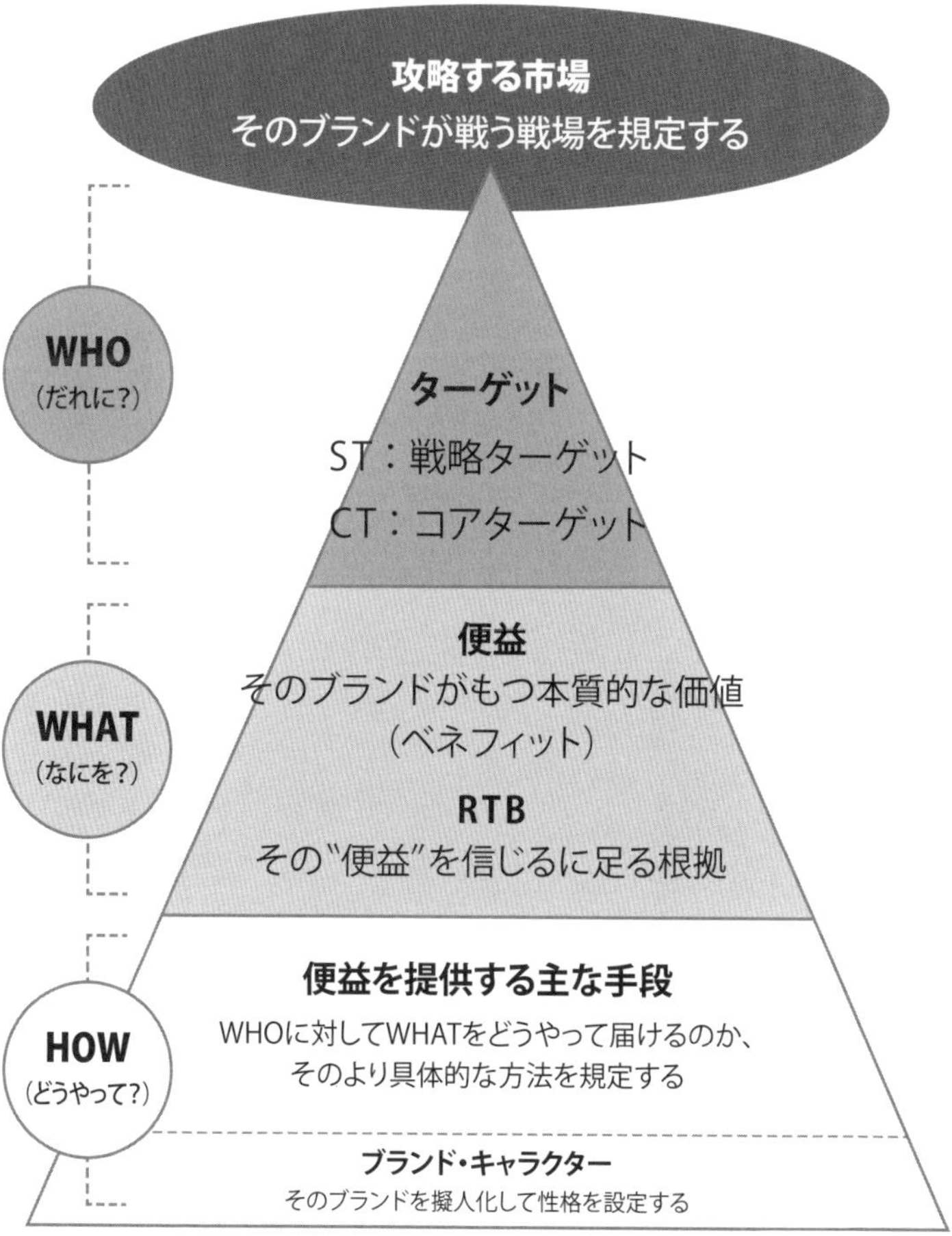

この図式の意味を理解するところから始めよう。これはブランド構築のカギとなる〝ブレないイメージ戦略〟を図式化して熟考するのに用いる。三角形の一番上から、WHO（誰に？）、WHAT（何を？）、HOW（どうやって？）という3つの項目に大きく分かれており、そのピラミッド全体が天井にあるブランドがプレイする戦場（マーケット：市場）に突き刺さっている構図になっている。

語句についてもっと説明し、その後により良いMy Brandを設計するために大事な4つのポイントを解説する。その解説を頭に入れた上で、実際に人間をブランド化してみる事例をいくつか紹介する。その流れで「ああ、こういう風にやるのか」とイメージを掴んでもらい、実際にこの三角形を使って君もMy Brandを設計してみて欲しい。

●攻略する市場：すべての選択肢の中から〝戦場〟を規定する

まず、ブランドが参入する活動領域（ドメイン）を定めなくてはならない。これは企業ブランドで考えると〝市場〟であり〝業界〟である。たとえば、日本を代表する金融ブランドである〝三菱UFJ銀行〟が活動するドメインは「世界の金融市場」であり、派生する関連企業のドメインも含めると活動領域は極めて壮大だ。私の古巣のP&Gのドメインは「世界の家庭消費財市場」であり、USJは「アジアのエンターテイメント市場」であった。

戦場を規定する意味は、規定しない場合を考えるとわかりやすい。いつでもどこでも戦います！　という企業やブランドは経営資源の配分が広く薄くなり、どの戦場でも戦力が枯渇《こかつ》して勝つことができなくなる。あるいは、あまりにも狭い範囲に集中し過ぎて、生き残るために必要な売上を稼げない。市場が狭すぎて餓死することになる。したがって、**ドメインの設定は、目的と自身の経営資源に照らして、広すぎず、狭すぎずが基本となる。**

その考え方をキャリア戦略に置き替えるとどうなるか？　自身の持っている資源（リソース）に照らして、広すぎず、狭すぎない労働市場を定義しなければならない。君が第3章で作った自身の目的を達成するために、My Brandを構築する市場はどこであるべきか？　を考えるのだ。

人によっては、その戦場は1つの会社内だけということになる。実際の意識がそうなっている人がサラリーマンの大半なのではないか？　社内で評判を高めていく、社内で出世していく、それしか意識できていない。しかしながら、中長期におよぶキャリア戦略を考えるにあたっては、ドメインの設定は自分の会社だけではなく、1くくりあるいは2くくり大きな土俵で勝負した方が良い。

たとえば、ジョブ・マーケットにおいてその人の持つ職能での切り口で定義したり（マーケティング業界、弁護士業界など）、その企業を含む業界での定義であったり（自動車業界、観光業界）、今の職場を含みながら、もっと大きなユニバースからMy Brandの立ち位置を考えた方が良いだろう。なぜならば、たとえ転職の可能性を常に意識していなくても、たとえずっと社内に留まるとしても、その方がMy Brandが強くなりやすいからだ。紙に書いておしまいではなく、実際の行動が伴えば、社外との接点を持つことでパースペクティブが拡がって、発想の切り口や成長の刺激がより多く手に入る。

新卒の就職活動の場合は、このドメインの設定こそが、君たちが足を運んで時間を使う企業の候補を決める。だから重要なのだ。この世界には星の数ほどの会社がある。それを全部知るのは不可能だし、まして自分が1分でも時間を使える（使うべき）会社もほんの一握りに過ぎない。明確な優先順位をつけずに、とりあえずたくさんの会社を回り始めるのは、〝戦略なき愚か者〞のすることだ。君のキャリアの目的、自分の特徴に合った職能、それらを総合的に考えて、どういう基準で企業を回るのか、このドメインの定義で書き出して明確にしよう。

そう、必要になるのは「軸」だ。第3章で考えた君の選択の「軸」がここで生きてくる。それらの「軸」を総合した結果、人によっては就活の戦場を「金融業界」と書く人や、「マーケティングを習得できる会社」と書く人や、「女性にとって働きやすい職場」と書く人もいるだろう。それぞれ自由に考えれば良いが、軸自体は誰にとっても重要だ。軸がなければ戦略が使えないからだ。

就職活動は時間が極めて限られる。ちゃんと軸を明確にしてドメインを定義し、狙った〝魚〟を釣るために動き出す時期や手順や準備、それらを整えて確率を高めた方が有利になる。あまりあくせくしなくても良いのだが、軸だけは早めに明確にして、回るべき〝業界〟なり〝企業候補〟なりの採用プロセスの流れだけは把握しておこう。そうしなければ「もう間に合わない」と後から気づくことになる。

●WHO：「誰に」買ってもらうのか？

WHOはブランドの〝ターゲット（資源を集中的に投入する標的）〟を規定する。ブランドのターゲット設定には主に、「戦略ターゲット（ST：Strategic Target）」と「コアターゲット（CT：Core Target）」の2つがある。戦略ターゲットとはブランドが選ばれる確率を高めるために経営資源（広告宣伝費など）を少しでも投下する広いくくりのことで、コアターゲットとは戦略ターゲットの中で更に集中して予算を投下する、より狭いくくりのことを意味する。

ではその考え方を、キャリア戦略において君がMy Brandを設計する場合に置きかえるとどうなるか？　たとえば、今から「株式会社 森岡商事」の就活面接に向かう君の「戦略ターゲット」とは誰だろう？　戦略ターゲットとは、君がほんの少しでも時間や気力などの〝リソース〟を費やしてMy Brandのイメージに沿った印象を残すべき広いくくりのことだ。君は森岡商事の内定が欲しくてたまらないという設定にしよう。さあ、STは誰だろう？ちょっと考えてみて欲しい。

STは森岡商事において〝君との接点を持つ可能性のある人たちすべて〟だ。つまり、電話やメールで応対してくれる窓口になる人から、直接・間接を問わず君の採用や不採用の判断に影響を及ぼす可能性のある人たちすべてが君の戦略ターゲットになる。会社の廊下ですれ違う人たちは当然STだし、近くのスターバックスでくつろぐ際にも周囲にSTがいる可能性を意識しておくべきだ。

ではOB／OG訪問した際に目の前に座っている先輩はどうだろう？　当然だが、OB／OGはお兄さんお姉さんが親切心で話し相手になってくれているのではない。社会人が平日の時間を使っているのだから、当然ながら会社のアジェンダを背負ってそこに座っている。OB／OGには気をつけよう。企業によって異なるが、会ったときの君の印象を会社にインプットしている、推薦枠を持っている、あるいは希望者を水際で〝ふるい〟にかける任務を負っていることも多い。

したがって、戦略ターゲットの中でも特に集中して君の労力を投入すべき対象とみなして、OB／OGを「コアターゲット（CT）」に格上げ設定するのは妥当な判断だ。OB／OG訪問するならば良い結果を生むために、相手は面接官だと思ってちゃんと準備することだ。ここでの会話で相手の頭の中にMy Brandの印象を持ってもらえるためにどうするかを考える。当然だが、面接の際に目の前に座っている〝面接官〟が最重要なコアターゲットなのは言うまでもない。

次に新卒で入社した後の君のブランド設計図で考えてみよう。コアターゲットは君の評価に直接的に影響を強く与える人たち（上司やその上司など）であり、戦略ターゲットは評価者に影響を与える無視できない人たち（他部署、同僚、部内の評判など）を想定すればわかりやすいだろうか。

WHOを定義する根本的な意味は、戦略の基本中の基本の考え方である〝選択と集中〟を可能にすることである。君の限られたリソース（時間、気力、手間など）は本当に希少なので、市場におけるすべての相手に対して平等に努力を分散させてしまうと、一人一人の誰にとっても君への印象は中途半端になってしまい、誰も君というブランドを購入することができなくなるのだ。

●WHAT：「何を」買ってもらうのか？

WHATはブランドの〝価値〟を規定する。購買者がそのブランドを買う本質的な理由がここで定義されなければならない。その価値（購買における本質的な理由）のことを、ブランドの〝便益（ベネフィット）〟という。消費者はどれだけ理屈を並べようが、本質的には〝情緒的に〟意志決定している。したがってWHATは目に見えないことがほとんどだ。

たとえばUSJのチケットを買う人は、〝ハリー・ポッターに乗りに来た〟と口では言うのだけど、彼らが本当に買っている価値はハリー・ポッターのアトラクションなどの目に見えるものではない。本当はそれらを体験した際のワクワク・ドキドキする〝感動〟を得るためにお金を払っている。したがってWHATの〝便益〟は〝感動〟であり、ハリー・ポッターのアトラクションはその〝感動〟を生み出すための装置、つまりHOWに過ぎないのだ。

マーケターは、プロダクト（HOW）をデザインするずっと前に、どこの誰に向かって（WHO）、どのような本質的な価値（WHAT）を提供するのか、それを明確に定義しなければならない。消費者が買っているのは〝便益〟だからだ。消費者が買っているのはドリルではなく、ドリルが開ける〝美しい穴〟なのだ。現実には深いところでそれを理解できない経営者があまりに多すぎるのだが……。

さて、就活の文脈に置きかえてみよう。このWHATの〝便益〟に該当すべきものは、君というブランドの本質的な価値だ。相手企業にとって君を買うべき理由が、ここで明確に定義されなくてはならない。たとえば、社交的で明るくて話好きのPさんの〝便益〟の場合であれば、便益を〝多くの人と一緒にいるのが楽しい〟と定義しても当然だがダメだ。便益はPさんにとっての価値ではない。あくまでもWHOで定義したMy Brandの購入者にとっての価値であることを忘れてはならない。せめて〝誰とでもすぐに仲良くなれる〟くらいにしておかないと誰もPさんを採用できない。

また「ＲＴＢ」というのは、ＷＨＡＴに含まれる重要語句で「Reason To Believe」の略語を指し、ブランドの便益を信じさせるための重要なドライバーとなる。たとえば、〝吉田沙保里選手〟をブランドと考えると、便益である「霊長類最強」のＲＴＢは、実績である「世界大会16連覇」などが該当する。キャリアにおけるＲＴＢには、実績であるとか、資格であるとか、客観的に〝便益〟を信じさせる根拠となるエビデンス（証拠）を定義することになる。

経理財務領域での高い専門性を便益に置いている人が、公認会計士や税理士などの資格を有している場合は、それは強力なＲＴＢとなる。そんな華々しい資格を持っている人は僅かだろうから、特に就活などではそれまでの自分の人生の中からＲＴＢになる材料を探すことになる。学生時代に自分が何に熱中したのか、その中から自分ならではの経験や実績を語り、それらをＲＴＢにして便益を信じさせるのだ。

●ＨＯＷ：「どうやって」買ってもらうのか？

ＨＯＷは便益を提供するための手段のことである。購買者側から見えにくいＷＨＡＴと違って、目に見えるブランド要素はほぼすべてＨＯＷだと思った方が良い。トヨタの車も、グリコのポッキーも、先ほどのハリー・ポッターのアトラクションも、プロダクトはすべて

HOWだ。戦略の考え方で整理すると、WHATが資源を集中する〝戦略〟を規定しているのに対して、HOWはその戦略を具体的に実行するためのプランである〝戦術〟を規定しているのだ。

ではキャリア戦略に置き換えたときのHOWとは何だろう？　WHATで定義した自分自身の〝便益〟を、WHOで定めた〝ターゲット〟に届けるための具体的な仕組みをここで表現するのだ。たとえば、WHATで〝リーダーシップに優れる〟ことを売りにしているQさんが、リーダーシップを発揮する具体的なやり方を、WHOのターゲットにとって思い浮かべやすいように具体的にすべてこのHOWで定義するのだ。「困難な状況でも人のモティベーションを上げることが得意」とか、「感情に流されずに正しい判断をする姿勢が常に一貫している」とか、そういうWHATを具現化するスタイルを設定すると良いだろう。

一番下にある「ブランド・キャラクター」というのは、そのブランドを人格に見立てたときに、ターゲット（WHO）からどのような人柄だと思われたいかを規定している。**ブランド・キャラクターは、擬人化したブランドの性格を定義する形容詞だ。**消費者は情緒的にものごとを判断することが多いので、ブランド・キャラクターが異なると購買確率は変化する。ブランド・キャラクターは、好き・嫌いに影響を与える重要ファクターの1つだ。たとえば、共通のWHATを持つとして、Aさんが〝積極的〟、Bさんが〝冷静沈着〟というブランド・

キャラクターの場合、会社や採用担当者によって採用の好みは分かれるだろう。

ここまでざっくりとブランドの設計図であるブランド・エクイティー・ピラミッドに関連する語句を解説した。この三角形で規定する要素を君なりに考えて、君というブランドを書き出して客観視することで、よりデザインしやすくなるのが図式化するメリットだ。この三角形は最初は紙の上に書いてみるのだが、最終的に納まるのは、WHOで規定したターゲットの頭の中だ。購買者の頭の中にその三角形を刷り込んでいくのがブランディングである。

実際に君自身のものを設計し始める前に、これらの語句の理解と、人間に当てはめる場合の考え方にもう少し慣れてもらいたい。そのために、実際のMy Brandのブランド・エクイティー・ピラミッドで理解してもらいたい。私が20代の頃に使用していた実際のブランド・エクイティー・ピラミッドで解説しよう。

念のため言っておくが、これは自分をブランド化することに気がついた20代半ばの私が、あくまでも未来には「こうなりたい!」と願望で誇張した自分だ。20代の頃から〝P&G最強のビジネスビルダー〟なんて呼ばれてはいなかったと思う(笑)。そう言われるように、この設計図に沿ってスキルを磨いて、大きな実績を出すように日々過ごしていたということだ。

図形Ⅱ　20代の頃の"森岡毅"ブランドの設計図

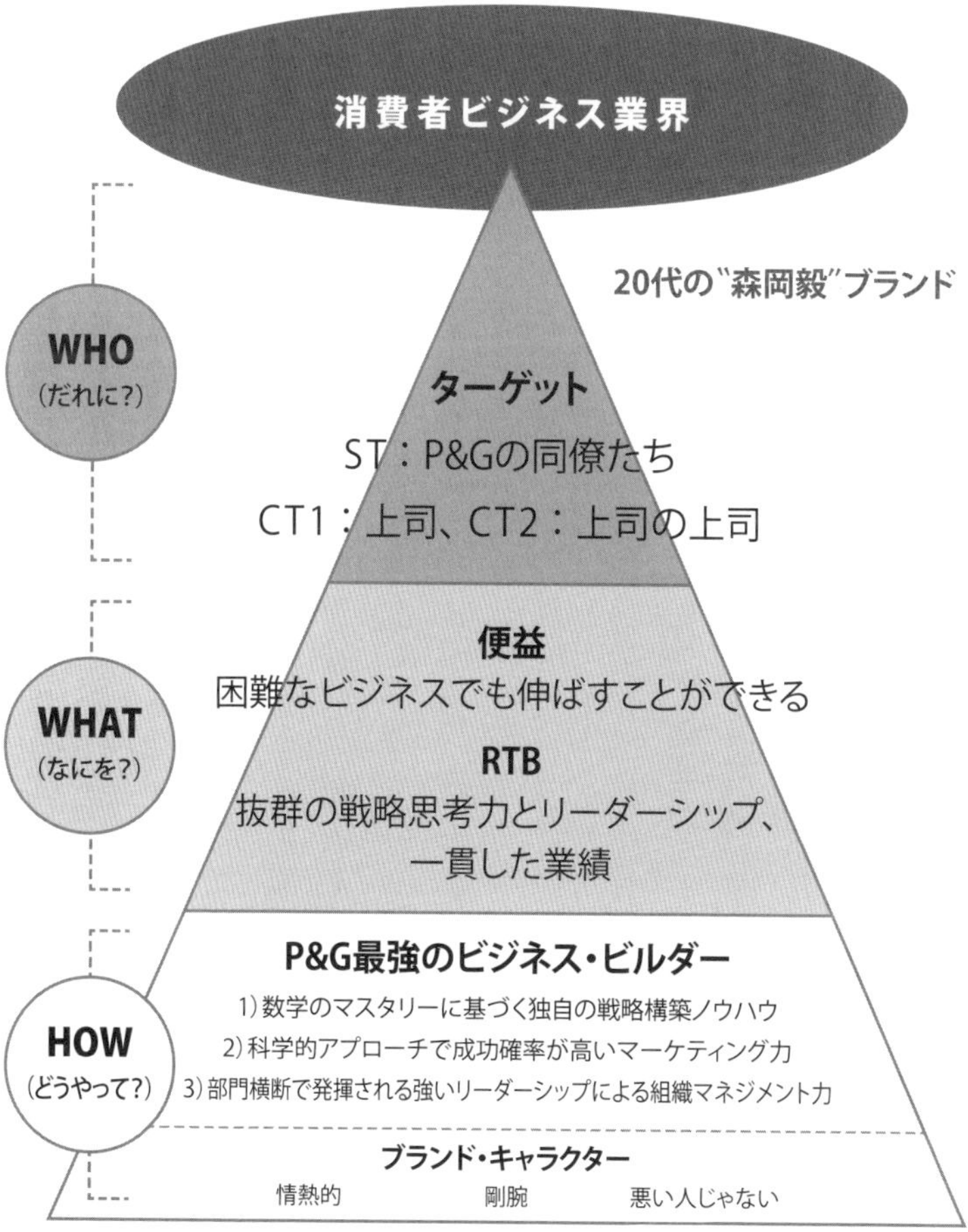

大まかに説明しておこう。WHOに関してはクリアだろう。オーソドックスに評価者たちに照準を合わせている。次にWHATだが、〝便益〟は素直に当時の自分の願望を反映させている。私はどんなビジネスでも伸ばせる人間になりたかったのだ。誰がやってもうまく行くような難易度には興味がなくて、「え？ このビジネスが蘇ったのか！」と人が驚くような高いハードルに向かって、それをブレイクできる稀有《けう》な戦闘力を身につけたかったのだ。後に、年間集客が700万人台にまで落ち込んで死兆星が輝いていたUSJに敢えて飛び込んだのも同じ発想だ。また、RTBは、私の特徴である尖ったTとLの両方を武器にすることを基本戦略にしている。そして〝結果〟を出すことにこだわった。問答無用な業績こそがやはり最強のRTBだからだ。

これがベストだとは思わないが、HOWの書き方の基本は、WHATで定めた大きな戦略を実行するために、より具体的で周囲から見える自分を定義すると良いだろう。WHATの〝どんな困難なビジネスでも伸ばせる〟という人間を、周囲が何と呼ぶかを想像すると「P&G最強のビジネスビルダー」くらいかな？ という程度に当時の私は考えたのだろう。そこに、メインウエポンの戦略構築能力、サブウエポンのマーケティング力と組織構築力を定めて、この3つのスキルを高めることでWHATの便益である「困難なビジネスでも伸ばすことができる」という価値を実現する。そのような構造になっている。

最後にブランド・キャラクターだが、今これを見てみると私の当時の苦悩が滲《にじ》み出ているので笑える。この3つは当時の私そのままだ。情熱的を通り越した〝熱狂〟で邁進するスタイル。壁があったらぶち壊し、邪魔する奴は衝突して粉砕《ふんさい》し、それでも突き進むイノシシの〝剛腕〟スタイル。この2つからは、自分の〝特徴〟そのままで反省せずに、むしろ強みとして突き進むことを覚悟していることがよくわかる。

感慨深いのは最後の1つだ。そう、私は苦手な人間関係の間合いに苦しんでこの設計図を作ることを発想したのだった。〝悪い人じゃない〟って、一体？　昔の数々のイベントを思い出して、ちょっとだけ泣けてくるわ（笑）。このときは、悪い人じゃないと思われたかったのだなと。やはりこの頃の自分は甘ちゃんだったと思う。良い人とか、悪い人とか、この後にもはやどうでも良くなることを、このときの私はまだ知らなかったということだ。

「My Brand」を設計する4つのポイント

ブランドの設計図を少しは見慣れてきたと思うので、君がMy Brandを設計するにあたって、どういうポイントに気をつければ強いものができるかを解説しておきたい。ブランドの設計図を総合的にみて、以下の4つの視点で強ければ、そのブランドは強い。

●Valuable：価値は十分強いか？

これが最も大切なポイントだ。定義された価値そのものが強いことが最も大事。なぜならば、相手にとって十分な価値のあるWHAT（便益）になっていないと、先方は君を買う必然性がないからだ。企業における欲しい人材の価値にはさまざまなパターンがある。自分の価値の定義にはさまざまな正解があるだろう。どの要素で勝負しても良いが、少なくとも選んで勝負した価値が、向こうが欲しい人物像の急所を射抜いていると強い。

多くの企業にとって欲しいのは、能力の傾向で言えば、思考力に優れた人（Tの人）であり、対人能力に優れた人（Cの人）であり、統率力に優れた人（Lの人）である。人物像としては、不誠実な人よりも誠実な人を、無責任な人よりも責任感が強い人を、精神的に弱い人よりも強い人を、元気がない人よりもバイタリティーが強い人を好む。企業に入ってからまっすぐ伸びてくれそうな人が欲しい訳で、性格がおかしくて問題を起こしそうな人や、手間がかかるハイメンテナンスな人を避けたいと思っているのも当然だ。衝きどころはいくらでもある。己の価値がシンプルに強く定義されているか、それを考えよう。

● Believable：信じられるか？

どれだけWHATで強いことを言っても、実際に相手に信じさせることができなければ、相手は君の価値を評価することはない。自己認識に問題がある人間、あるいは嘘つきで信用ならない人間と思われて終わってしまう。したがって、自分の価値を相手に信じさせるためにエビデンスとなるRTBを明確にそろえておく。経歴書はそのエビデンスとなるRTBのショールームのように書かねばならない。

自分の強みは「リーダーシップが強いこと」と定義したのであれば、経歴がそれを証明するように強い事実が並んでいなければならない。過去にリーダーとして何の実績も出していない人間が、リーダーシップを売りにしても他者には信じられないのだ。自分が起点になって変化をつくり、周囲の人間を統率して、困難を乗り越えて、大きな何かを達成した実績をＲＴＢとして明確にしておかねばならない。

実際に、Ｔの人も、Ｃの人も、Ｌの人も、それぞれの強みのジャンルは似通ってくる。便益だけなら皆が同じことを言おうと思えば言えるので、実は差がつきにくいのだ。したがって、面接官は直接話した実感からＴやＣやＬの強さの絶対値を測り、人柄を感じ取り、そして新卒採用でも中途採用でも実績をしつこく聞くことになる。経歴の中にエビデンスが欲しいからだ。新卒は実社会でのエビデンスに欠けるので、学生生活における体験を問われることになる。

ＷＨＡＴの勝敗を分けるのは、便益とＲＴＢの掛け算だと思った方が良い。ＲＴＢが強くてBelievableであれば、便益のインパクトを何倍にも増幅するし、その逆もあり得るのだ。就活ならば大学生活までの自分の人生を、転職ならばそれまでの自身のキャリアで培ってきたことを、それぞれ強固なＲＴＢとして語れるように整理しておくことは重要だ。会ったばかりの他人は、君の能力の価値を、直接的に触れたり見たりすることができない。彼らに見えるのは、嘘のないことが信じられるＲＴＢだけなのである。

●Distinctive：際立っているか？

転職だろうが新卒の就活だろうが、他の候補者たちの中に沈んでしまっていては面接を勝ち抜くことは難しい。君自身を差別化するブランド戦略が必要だ。正直言って、面接官も同じようなつまらない話ばかり聞いていると飽きてくるのだ。「おっ！」と君を際立たせる要素があればあるほど、君が選ばれる確率は上がるだろう。それは何だろう？　どのような差別化が良いのだろうか？

答えから言えば、あくまでもWHOに選ばれる確率を高める差別化が必要なのであって、WHOに選ばれる確率を下げてしまうような差別化は愚かの極みである。当たり前のように思えて、実はこのミスを犯している人はかなり多い。エッジを立てようとするあまり、結果的にキワモノになってしまうパターンだ。面接現場で求められていない一発芸や、人が聴いたら眉をひそめるような人となりを披瀝《ひれき》するのはリスキーということだ。差別化のための差別化はうまくいかないので注意が必要だ。

便益の強さで際立てれば一番良い。その次に、便益を信じさせるRTBの内容のサブスタンス（インパクトの大きさ）で際立てれば、結果的に便益を際立たせるのでそれもとても良い。たとえば、リーダーシップを便益にして、RTBで「部活動のキャプテンとして全国優勝を果たした経験がある」と言えるのなら相当に際立つ。全国大会で勝ち抜くようなチームを統率する人は、尋常ではないリーダーシップ経験を積んだに違いないと思えるからである。

また、HOWの要素で良い方向で際立てれば上策となる。見た目、話し方、挙動、すべての行動が、WHOに対してWHATの価値を大きく感じさせ、信じさせる方向に際立たせるのならばプラスだ。しかし、先にも言ったが、身だしなみなどは最低限として大事だが、HOWで際立とうとするよりも、まずはWHATの価値で勝負できるように戦略を練ろう。

ちなみに私は面接で一度も落とされたことがない。どうすれば相手が求めている方向で〝Distinctive〟になれるのか、計算高くやっていたからだと思う。思い起こせば、1995年に就活をした私は、面接（面接官2対学生6のような形式）で多くの学生たちが「阪神・淡路大震災でのボランティア経験」を自身のハイライトとして話すのを辟易《へきえき》しながら聞いていた。

どいつもこいつも「震災でボランティアをやりました」と言う。そんなのは「私はボランティアやるくらい良い子ちゃんです！」と言っているに過ぎない。私は〝わかってないなー〟と思っていた。皆が言う話を同じようにしてどうするの？　ボランティア活動の中で、「おっ！」と思うような凄いリーダーシップを発揮したことを話せればDistinctiveだが、ほとんどの学生はそこまで言い当てることはできない。なぜなら、実際の活動では人に従って手伝いをしていたに過ぎないし、彼らは面接で勝つために何が必要かがまるでわかっていないからだ。

したがって、勝負にならない。私はいちいち「私は他の皆さんと違って……」と話し始め、用意していたネタ帳の中からそれまでの他の学生たちの退屈な話とは違った切り口の話をぶっ込むことを心がけた。強烈なバイタリティーを印象づけるためには、インドネシアをヒッチハイクで横断する貧乏旅行中に救急車で運ばれてデング熱で死にかけたけど生還した話。強靭な精神力を印象づけるためには、フィリピンのボラカイ島に沈んでいる駆逐艦《くちくかん》を見るためにディープ・ダイバーの資格まで取って余備の酸素タンクを抱えて限界水深を突破したけど、あまりの水圧でサイナスの血管がブチ切れてゴーグルの中に半分くらい鼻血が溜まり、それでもパニックにならずに冷静に対処して生還した話など……。

実体験の話として、鉄板で大爆笑を取れるネタは他にもいくつもあった。並べたネタはすべて自分自身の過去に実体験した真実なので臨場感をもって伝えることができる。今考えると、それらの話はDistinctiveだからウケたのであろう。当時はブランド・エクイティー・ピラミッドのような明瞭な戦略設計などは持っていなかったが、当時の私のやり方は結果として「こいつは、凄く賢いのか、とんでもない大バカなのか、どっちだろう？　でもスケールが大きくて面白いやつだ！」と際立って響いていたのだと思う。

●Congruent：自分の本質と一致しているか？

強い価値や、素晴らしいRTBは紙の上だけならば好きなように書けるし、良心がなければ好きなように相手に大言壮語《たいげんそうご》することもできる。別人格を演じて内定を取ろうと思うなら、君が大女優であれば不可能ではないかもしれない。しかしそうやって、実際の自分とは別人格を設計することは、君のキャリアの成功のために正しいだろうか？　ここまで散々伝えてきたように、君のキャリアの成功が君の特徴を活用することを必須条件にしていることを考えれば、別人格でブランド設計することは、最悪の極みであることは明白であろう。

では、その反対に、今の君自身が認識する等身大の君を、そのまま控えめに伝えるべくブランドは設計するべきだろうか？　目の前の面接をパスしなくてはいけないときに？　そのクソ真面目な極端も私は奨励しない。選ばれるために、ウソはいけないが、スピンは必要である。これはマーケティングの常識だ。スピンとは、同じ事実を言うのに切り口や見せ方を変えるだけでインパクトを増すやり方を指す。〝スピン〟という言葉は、元々は米国から来た言葉だ。ペン1本をそのまま見せても〝細い棒〟にしか見えないが、高速回転させれば〝丸い円盤〟のように大きく見せることもできる（実際にはそんなに高速でペンを回転させることはできないので空想上のたとえ話）という意味らしい。事実をより良く見せるのは遠慮なくやれば良い。

ブランドの設計図は、今の君の等身大を正確に表現するものではないと、明確にしておくことだ。近未来のなりたい自分をデザインすることがむしろ正しい。使う材料は、君のSelf Awarenessによって掘り起こされた〝強み〟と君の今までの人生において強みが発揮されることで達成してきた実績の数々だ。それらを君がなりたい方向へ向かって思い切りスピンさせてみよう。できるだけ少ない言葉でブランド・エクイティー・ピラミッドに表現するのだ。

そうすると、今の自分からは〝かけ離れた感〟のある理想的な未来の自分が描かれているはずだ。理想的に思えないならばスピンがまだ足らない。一人で無理なら仲の良い友人や家族の助けも借りよう。とにかく大胆にスピンしてみよう。大丈夫だ、削ることは現実に引き戻すだけだからいつでもできる。方向だけは間違わず、遠くに向かって思いきりぶっ飛べ！

そうやって描いた自分の設計図をチェックするときに、重要なことは2つだ。誇張されていても良いが、①RTBなどの事実にウソはないか？　②君の本来の特徴とベクトルが大きくズレていないか？　この2点で破綻があれば、それは「Congruentではない（本来の自分と一致しない）」ということだ。

ベクトルのズレとは、ナスビをキュウリにしようとしていることを意味する。「今は小さいナスビだけど、将来は立派なナスビになる！」という設計図が書けているならばそれで良い。スピンした自分との多少のギャップは、意識してそのスピンした方向に努力を重ねることで本当に近づけることができる。Congruentであればそれは可能なのだ。だから可能であれば10年先の理想の自分を想像して設計して欲しいし、遠い未来を想像するのが難しいなら、少なくとも5年先くらいの理想を込めてみよう。そうすれば、設計図が理想の未来へ君を導いてくれるだろう。

別人格は否定するのに、スピンを奨励するのは何故だかわかるだろうか？　要するに、ブランドとはRelative（相対的）だからだ。もっと強い同じイメージの人間が近くに出現すると自ブランドは弱められてしまう。したがって、同じベクトル上であれば、できるだけ強くエクイティーを構築できることを目指し、最初から強く印象づけられるように備えておくべきなのだ。君自身がこういう「ブランドになろう！」と思える君を、自分の本質と同じベクトル上にデザインして欲しい。

キャリアとは、自分をマーケティングする旅である

●君をブランディングする方法

いきなりだが、次頁の2つのブランド・エクイティー・ピラミッドを比べて欲しい。君ならどちらの人を採用するだろうか？

図形Ⅲ　2つのMy Brandの比較

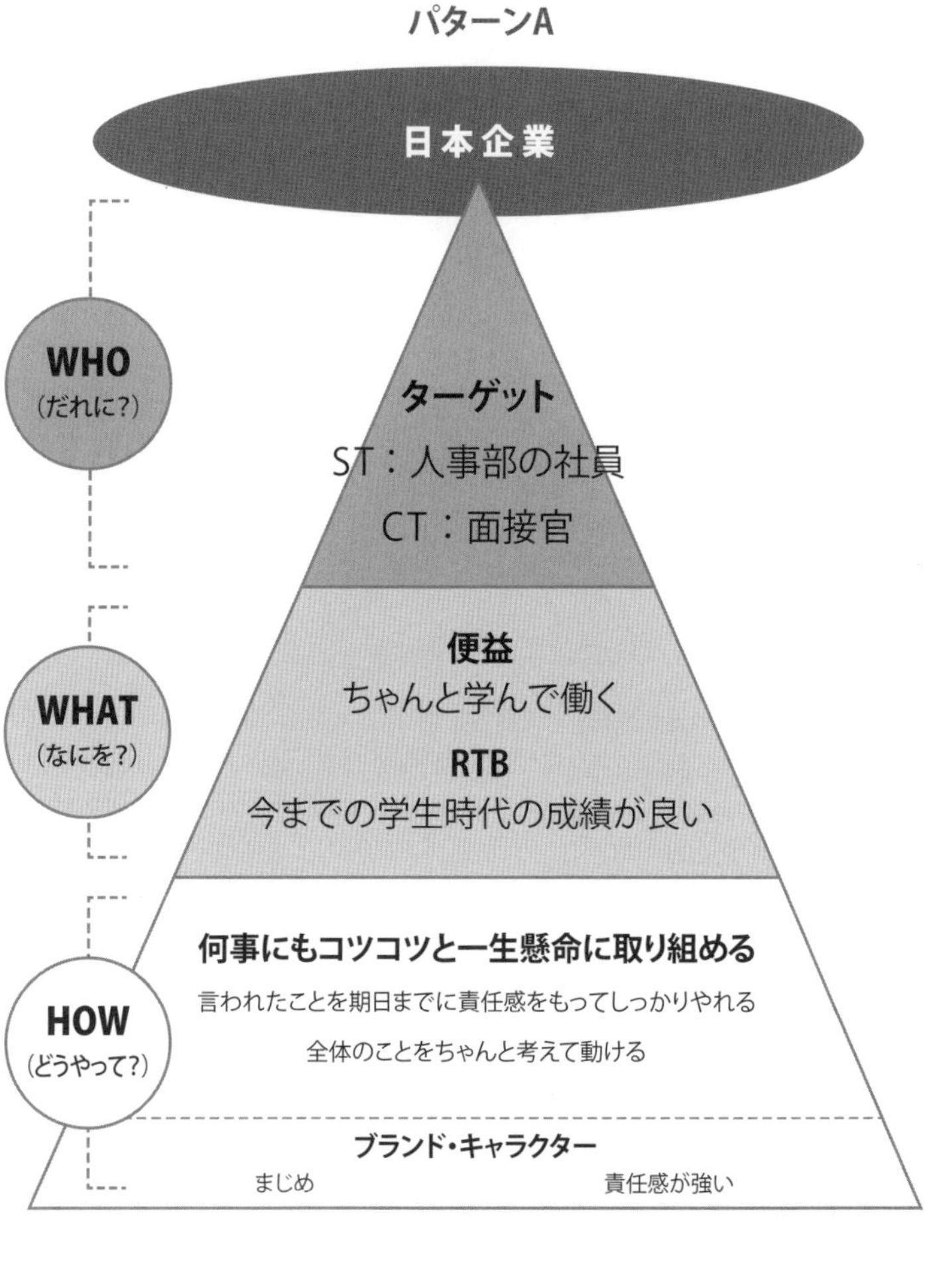

パターンB

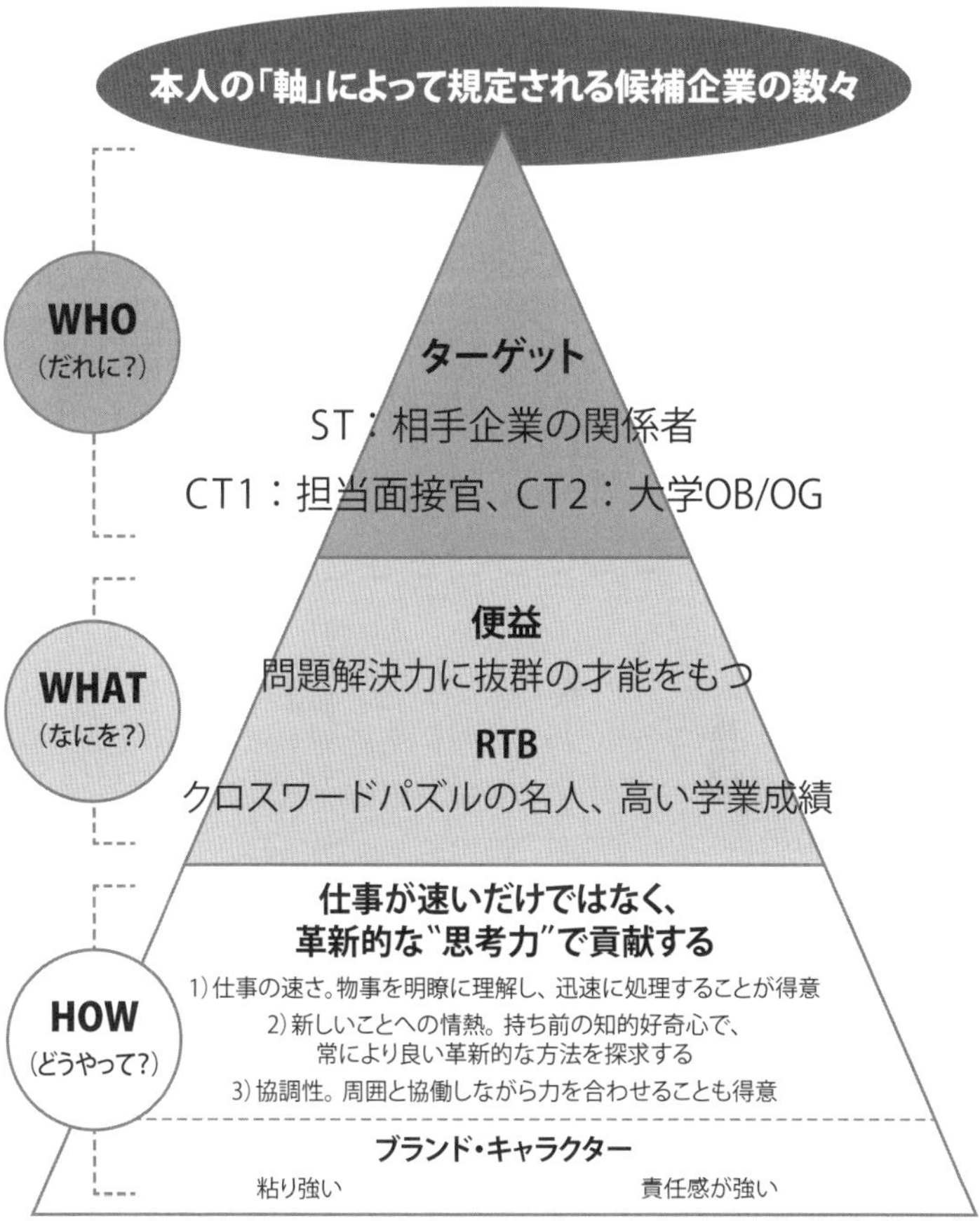
本人の「軸」によって規定される候補企業の数々
WHO
（だれに？）
ターゲット
ST：相手企業の関係者
CT1：担当面接官、CT2：大学OB/OG
WHAT
（なにを？）
便益
問題解決力に抜群の才能をもつ
RTB
クロスワードパズルの名人、高い学業成績
HOW
（どうやって？）
仕事が速いだけではなく、
革新的な"思考力"で貢献する
1）仕事の速さ。物事を明瞭に理解し、迅速に処理することが得意
2）新しいことへの情熱。持ち前の知的好奇心で、
常により良い革新的な方法を探求する
3）協調性。周囲と協働しながら力を合わせることも得意
ブランド・キャラクター
粘り強い
責任感が強い

実はこれは数年前にある御縁で相談にのった就活生の実例だ。AもBも同一人物だが、Aは本人が書いたもの、Bは私がスピンさせたものだ。どうだろう？　君はどちらを採用したくなるだろうか？

Aパターンも決して悪くない。まじめで誠実に物事に取り組める好青年としてちゃんと設定できている。しかしながら、彼が狙っている企業の難易度から考えると、このような人物はどこにでもいそうで華がない。したがって、もっとValuableかつDistinctiveになるために、本人にインタビューして聴き出した材料を元にして、彼の特徴が良い意味で際立つように私が再設計してみたのだ。「なにか凄いことをしてくれそう！」という期待を相手に持たせられるようなそんなブランドにスピンできないものか？　それを考えた。

Bパターンは確かに誇張しているが、彼の特徴に照らして1つもウソはない。ウソをつかずに、己のベクトル上でスピンをするとはこういうことだ。宿題や勉強が苦にならない温厚な性格である彼だったが、よくよく聞いてみると彼が本当に好きなのは、〝自分ならではの発見をすること〟だったのだ。それを思考力に織り交ぜて便益のValueを上げてみた。このようにして、売り込みたい相手に対して、自分の価値がもっと強烈に伝わるようにする。それは、商品の良さを相手にわかってもらうために伝えるマーケティングと、やっていることは同じなのである。

ＲＴＢに関しては、学校の成績が良いことは素晴らしいが、それだけだと目立たないし相手の記憶にも残らない。ちなみに彼はクロスワードパズルを趣味にしていて、空いた隙間《すきま》時間にそういうことばかりしているＴの人だった（笑）。クロスワードパズルのウンチクを語らせたら実に面白かったので、面接の本番でそれをネタにして、いかに速く情報処理ができる人間なのか、より革新的な思考プロセスを開拓することにどれだけ情熱が湧く人間なのか、それらを端的に話せるように準備することをアドバイスした。面接官の記憶に残る問題解決能力の高さを印象づけるＲＴＢとして仕込むのである。「実は私、謎や問題を解くのが好きで好きで、しまいにクロスワードパズルの名人になってしまったんですよ……」と話し始めれば、相手の興味を一気に惹きつけることができると思ったからだ。趣味もポジショニングによっては、便益を信じさせるための立派なＲＴＢとなる。君のキャリアの武器になるだろう。

ブランド・キャラクターも少し変えてみた。「まじめ」、「責任感が強い」、というのは素晴らしいのだが、ほとんど同じことを言っている。彼は見た目の線が細そうだったので、弱々しいと思われないように、ウソにならない彼らしい強さの言い方を探し出して「粘り強い」

という形容詞に辿り着いた。粘り強さをアピールできるようにちゃんと振る舞うことは当然である。ちなみに彼はBパターンの設計図で就活を戦って、狙い通りの大手都市銀行に内定した。

そうやって、自分の設計図を推敲して、なんとか完成させたとする。その次にやるべきことはわかるだろうか？　それは**ブランド・エクイティー・ピラミッドに書かれた自分とできるだけ一貫した行動を取ることだ**。24時間、360度、365日、徹底的にそうする。家の外はもちろん、家の中でも、そのとおりの自分である前提で立ち居振る舞いに気をつけなくてはならない。そこまで徹底する理由は、自分自身を思い込ませないといけないからだ。一貫した行動を取らなければ、自分のブランド・エクイティーが構築できないのだ。

多少はしんどさを感じる時期はあるが、続けていればそのうちに慣れる。理想の自分そのものにすぐにはなれなくても、理想の自分に向かって真摯《しんし》に努力する自分には今からでもすぐになれるし、そのうち慣れる！　別人格の設計さえしていなければそれは可能だ。そうやって自分自身のステージを、思い描く理想に近づけていく。スピンして多少のハッタリが入っていたとしても、いつの間にか、その未来に現実が近づいて追いついているように感じるときがきっと来るだろう。

自分をブランディングしていく中で、気をつけねばならないことがある。それは「オフ・エクイティー」と呼ばれる、設計図のブランド・エクイティーに矛盾する行動を取ることだ。**オフ・エクイティーをやらかすと、築き上げてきたブランド・エクイティーを破壊し、ブランドは一気に弱くなる。**よく芸能人がオフ・エクイティーをやらかして通常以上に世間からバッシングされていることがある。清純派で売っていた人間の「スキャンダル」のダメージが通常よりも大きいのは、オフ・エクイティーだからだ。ブランドが選ばれる確率を支えていた〝品行方正なブランド・エクイティー〟が大暴落して、人々がそのブランドを選択できなくなってしまう。

ブランドは社会の中で築き上げたい「自らの信用」だとも言える。「勤勉で正確な仕事ぶり」で信用されたい人は、遅刻や計算ミスには人一倍気をつけなければならない。「リーダーシップが強い」と信用されたい人は、組織が困難なときこそ全体のために「最初に弾に当たって、最後に食べる人」であるように行動しなくてはならない。ましてオフ・エクイティー行動などはあり得ない。ブランドを設計する際に話したCongruent（自分の本質との一致）の重要性がわかるだろう。自分の本質とズレていては、そんな別人の生活など長続きできる訳がないのだ。毎日がオフ・エクイティーの連続になり、現実的にそんなブランドは構築できない。

同じ意味で、長いキャリアにおいては、逃げても良いときと、逃げてはいけないときがある。その判断も君のブランド・エクイティーの設計図に沿って行えば良い。逃げても良いのは、自身のブランディングにとって重要でない場合だ。ブランディングにとって重要でもないことを、いちいちバトルとして拾っていては人生に無駄と寄り道が増えすぎる。そのような局面は上手くかわすのが一番良い。逃げてはいけないのは、戦うことがブランディングにとって大きなプラスになるときと、逃げることがブランディングにとってオフ・エクイティーになってしまう場合だ。逃げてはいけないときは、自身の健康が続く限りにおいて全力で取り組むしかない。たとえ良い結果が出ないとしても、自身のブランディングにとって重要なのに戦わずに負けるというオプションはない。負けても、その〝前向きな負け〟は、新たに大切なパースペクティブをきっと生み出すだろう。そこからまたブランディングを続ければ良い。

君自身をブランディングするというのは、要するにシンプルなことだ。君の本質を誠実に射抜いたベクトルを、理想の方向にスピンして引き伸ばしてブランドを設計したら、精一杯努力して理想に近づくように行動を積み重ねていくしかない。その結果、現在の自分と、理想の自分の間のどこかに、〝近い未来の君〟という新しいブランドができ上がるだろう。

エクイティーと一貫した行動と、そこから生まれる実績を着実に積み上げて大きくすればするほど、君は〝エクイティー・ボーナス〟を得られるようになるだろう。すべてはそのためにやっている！　エクイティー・ボーナスとは、ブランド・エクイティーのおかげで相手の印象が増幅することを指す。たとえば、正直者だと思われていたら、大した言い訳をせずともたいていのことは信じてもらえるだろう。それは正直者のエクイティー・ボーナスだ。同様に「戦略的思考能力が強い」というブランド・エクイティーを周囲に築いていれば、その人の言うことは聴いてもらいやすくなるし、内容もきっと賛同を得やすくなるだろう。

その延長線上には何があるか？　ブランドの設計図に沿った行動を取る限り、君のブランドは設計図に近いものにどんどん築き上げられていく。そして君の評判は部内から社内へ広まり、いずれ業界に広がっていく。その流れを加速させるために、ブランド認知を上げることに心を配れという人もいる。社外やヘッドハンターとの接点を増やしていけば良いだろうし、自分の名前で勝負できるチャンスがあれば、ハイリスク・ハイリターンなオプションではあるがやれば良いだろう。

しかしながら、もちろん認知は大事だが、自分を売ろうと必要以上に躍起《やっき》になる必要はないと私は考えている。**最重要なのは〝問答無用な実績〟なのだ。**目を見張る実績を生み出す才能は、嫌でも世の中に出ていくことになる。世界は顕著な働きができる人材を常に探し求めているからだ。特に優秀なヘッドハンターの情報網からは、たとえ隠そうとしても隠せるものではない。したがって認知形成においても、**君がまず躍起になるべきは、ブランドを構築する一貫した行動と、結果を出すことにこだわること、その2つだけだ。**その上で余力があるならセルフ・プロモーションも、やれば良いだろう。

ブランドの設計図に沿って〝本質的な実力〟を蓄える努力を第一とせねばならない。実力が伴わなければ、結局は築いてきたブランドを壊すだろう。大した実績も出していないのにSNSでありもしない虚像を必死に売ったり、優秀な他人と繋がっている錯覚で現実逃避している暇などないはずだ。昨日よりも今日の自分が、一体何を学んで、どう賢くなったのかを問える君であり続けて欲しい。

My Brandを築くことは、太陽光を集める虫眼鏡のように、これから君が積み上げる努力の1つ1つの焦点を合わせて大きなエネルギーに凝縮させるだろう。ブランドのエネルギーが貯まれば貯まるほど、君の努力の投資効率は信じられないくらいに上がっていく。実績を出すチャンスをつかむ確率を劇的に上げていく。そしてブランドは更に強くなっていく。君自身をそうやって〝ブランド〟にしていくのだ。

●“転職”は武器になる！

『転職』についても考えてみたい。そもそも転職は必要なのだろうか？　私が考える大前提は、**転職はキャリアの目的を達成するための手段に過ぎない**ということだ。転職すること自体が良い訳でも悪い訳でもない。目的に適う転職だけが良い転職なのだ。まずは目的をよく見極めて、何のための転職なのかを明確にしなければならない。

目的に適うと思って決断しても、もちろんさまざまなリスクがある。本当に転職が成功だったかどうかは、ある程度落ちつくまではわからない。その決断に至る過程では、夜の海の底を覗いているようなゾーッとする不安が常につきまとう。したがって、大多数の人は転職したがらない。多少のことには我慢して、現状維持を続けようとする。

これは先にも話したが、動物の脳に本能として備わった現状維持機能だ。鹿も猪も人間も、今の山で多少不満があってひもじくても、生きていけているのであれば、別の山に移って餓死する最悪のリスクを避けようとする。そのリスクを取ることを考え始めたときに、君の脳があらゆるストレスを発生させて君の行動を止めようとする。不安や緊張はその産物だ。

この本能のせいで、我々の理性的な判断にも常にバイアスがかかっている。どれだけバイアスを排除しようと意識しても本能の枠から逃れることは難しい。『現状維持』と『変化』の選択ではもちろん、『右』か『左』か、どちらに進むのか選択を迫られたときでさえも、理性的に正しい判断をしたつもりでも、変化やリスクの少ない方を頭の中で正当化して選んでしまうのが人間だ。

それでも決断できるならまだマシな方で、鍛練を積んでいない多くの人間は、どちらにしようか悩みに悩んだ末に、結局は何も選ばないことを選ぶのが常だ。結果的に現状維持が続くことになる。動物としての本能の勝率は極めて高い。

目的に対して純粋に確率を高くする正しい道を見極めて選び、そして決断することは容易ではない。その能力を『決断力』と呼ぶ。決断力に優れた素養を持つL属性の人は極めて少数だ。強い意志で経験を積んでできるようになる人もいれば、生れつき理性が情緒に邪魔されない特異な性質であるサイコパス性が高い人もいる。決断力は稀な能力なので市場価値は非常に高く、優秀な経営者になるためには必須のスキルだ。

ほとんどの人間は動物としての本能を克服する訓練をしていないので、結果的に**『受動的**

な転職』しかできない。今の会社でこれ以上の芽がなくなった、居心地が悪くて居づらくなった、どうしようもなくなった、そのような理由で転職をする。**昔も今も転職した人の一番多い本音は「職場での人間関係によるストレスから逃れるため」だ**。この山では餓死すると思えるのであれば、選択肢がないので別の山へ移ることは容易である。何も大きな決断をする必要がないので悩むストレスがないのだ。

人間の本質は自己保存だ。できるだけ、選ばなくて良いように、決断しなくて済むように、不安やストレスがないように、痛くないように、変化が少ないように、安全なように、楽なように、ほとんどの社会人が生きている。痛がり屋が多い日本社会では特にそうなっている。**多くの人は『積極的な転職』という手段を取ることができないのだ**。良い悪いは別として、まずはこの事実を認識しよう。

その前提に立ったとき、君のキャリア戦略はどうあるべきだろうか？　もし君が成功したいのであれば……。もし、その成功が、人よりも高レベルの職能を必要としているのであれば……。ほとんどの人が積極的に取ることができない『転職』というオプションを、もし君が目的に合わせて自由自在に使いこなせたなら……。人よりも早く経験値を貯めて、人よりも実績を出しやすい活躍の場所を選ぶことができたなら……。**それは君が強力な武器を持っ**

ているということにならないか？キャリアにおいて大きなアドバンテージではなかろうか。

戦略の勝ち筋を突き詰めて考えることが趣味の私は、自身のキャリア戦略を考えている中で、そのことに気づいてしまった。そして転職先を積極的に探し、USJというオプションに辿り着いた。私が言っているのは、マジョリティーに対してのいわゆる『逆張りメリット』に近い。これは戦略の真理だが、**普通の人と同じようなことをしていたら、普通にしかなれない**。人と違う結果を出したいなら、人と違うことをやるか、人と同じことを違うようにやるか、そのどちらかしかないのだ。

あのとき親しい周囲の人は「やめとけ」と異口同音《いくどうおん》に言った。せっかく今の会社で出世ルートに乗っているのに、もう4〜5年我慢したら昇進できるだろうに、転職するにしてもどうしようもない潰れかけの遊園地じゃなくて、もっと華々しい会社に行けるだろうに「なんで？」と言われた。なぜかと言われても、私の中の理由は明確だった。キャリアの目的に必要なスキルと経験が、このままP&Gに居続けるよりも遥かに得られる環境が欲しかったのだ。周囲の反応を聴きながら、私は内心この転職が狙い通りの〝逆張り〟であることにますます満足していた。目的に対しての確率を上げるために、動物の本能に逆らって敢えて〝ヤバイ山に引っ越すリスク〟を取ったのだ。

君はキャリアの目的をどう考えるだろう？　あくまでもそれ次第だ。君がもし、挑戦し続けること自体がモティベーションになる〝チャレンジャー属性〟の人なら……。あるいは、一度しかない人生で自分が持って生まれたものを最大限に引き出して、社会の中でどれだけ活躍できるか試してみたいなら……。あるいは、この先のどうなるかわからない不透明な世界で、自分自身や大切な人たちを守るために必要なスキルをできるだけ身につけておくことが重要だと思うなら……。**そのようなキャリアの目的を掲げるのであれば、『積極的な転職』というオプションは常に君のパースペクティブの中に入っていなければならない。**

消極的であれ積極的であれ、転職することのメリットは「目的達成の確率を上げる」以外にも、実はもう1つある。それは転職による**「成長ブースト効果」**だ。人間は極めて痛がり屋で怠け者にできているが、同時に死にそうになると必死になるようにもできている。新しい山に移ってそこで生き残るしかないのであれば、必死で努力する習性を誰しもが持っているのだ。新しい環境は、今までとは違った刺激に満ちている。違ったものの見方、新しい人間関係、新しい仕事の内容、何よりもそれらに向き合う〝緊張感〟……。生き残るために次々と強いられる刺激により、人間は覚醒し、成長は加速され、結果としてパースペクティブは広がっていく。

新入社員としてスタートして仕事を覚え、徐々に評価されて、戦力となり、周囲に頼りにされるようになっていく。そうなると、会社の中に自分の居場所ができるし、何よりも信頼関係が積み重なった人間関係ができる。サイコパスでもない限り、**積極的な転職をするときに最も痛いのは「人間関係を振り切って飛び立てるか?」という悩みだ。**P&Gを出たときも、USJを出たときも、私もそれが一番辛かった。何度経験しても、おそらくあの痛みからは逃れられない。誰もが、情熱を注ぎ込んだ職場であればあるほど、飛び立つ痛みは激しいものになるだろう。必要としてくれている仲間から離れる決断をするのだから当然だ。

しかし、人間の本質をよく考えて決断して欲しい。**人間は、気持ちよくなるとすぐに成長を止めてしまう生き物だ。**君が仕事に慣れて周囲に必要とされていくのは素晴らしいことに違いない。しかし、1年前の自分と比べて、一体何を新しくできるようになったのかを冷静に問うて欲しい。そのときに明確な答えがないならば自分の成長が停滞してしまっている現実を自覚すべきだ。そしてちゃんと考えなければならない。〝停滞〟の軌道上に、君にとっての人生やキャリアの目的がまだ明確に見えるのか? 生まれ持ったものを掘り起こしていく君の旅にとって、〝停滞〟はどういう意味とインパクトを持つのか?

私の場合は、停滞はオプションではなかったということだ。情緒に引っ張られず、気持ちよくなるとすぐに環境を変える挑戦に向かうことを心がけてきた。社内で大きな挑戦を得られるうちは会社を変える必要はないだろう。しかしそのうち社内で必要な経験を得ることが難しくなっていく。いつのまにか同じようなことを繰り返して「できる仕事を何度もこなして気持ちよくなっている自分」に違和感すらなくなっていく。そうなると成長は止まるだろう。

意味を誤解して欲しくないが、**うまく行っているときほど自分の心地よい〝均衡《きんこう》〟を意図的に壊さねばならない**と私は考えている。Comfort Zoneを出れば新たな成長が始まるからだ。強い意志で作りだした積極的な挑戦こそが新たな世界を拡げてくれる。仲間との辛い別れも、新たにより多くの出会いを生み出すスタートになる。離れがたかったP＆Gの仲間たちから飛び立ったからこそ、かけがえのないUSJの仲間たちにも出会えたのだ。世界を拡げステージを高めるこの〝積極的な転職〟という手段を、君のパースペクティブにもぜひ入れておいて欲しい。

●職能を増やすコツとは？

最近、職能を複数持つことを勧める声が徐々に大きく聞こえてくるようになった。複数の職能を有するメリットは主に2つあって、何よりも先行き不透明な世界では多職能の人の方が複数の収入源を持てるから、つぶしが利くという点。もう1つは自分の市場価値を高めるという点だ。Aというスキルを100人に1人のレベルまで高め、次にBというスキルも100人に1人のレベルまで高めると、AとBというスキルを兼ね備える人間は1万人に1人というレアな存在になり、同様のCまで兼ね備えると100万人に1人という超レア人間になれるという考え方だ。

私もこの考え方は理論的には正しいと思う。1つの職能において100万人に1人になるよりも、組み合わせのユニークさで100万人に1人のレア人材になる方が、可能性が高いに違いないからだ。しかし、職能を増やしていくには、いくつかの注意点をクリアする必要がある。

最大の注意点は、中途半端になることだ。自分が100人に1人の人材かどうかなんて客観的にはわからないし、そもそも1つ目のスキルAの習得レベルがどこまで必要なのかは目的次第なので、どこまで1つを極めるべきなのかはキャリアの途上ではわかりにくい。しかも、スキルAを放っておけばすぐに錆《さ》びつくし、実績を上げ続けるライバルたちはやがて追い上げ追い抜いてくる。そんな中で、スキルBに手を出していて大丈夫なのか？　という悩みだ。各個人のリソースは限られているので、あれこれ手を出してどれも中途半端ならばどの武器も己の必殺技としては火力不足になる。

この悩みに対する私なりの答えは、80／20の法則から考えて、各自の目的に適う選択をするしかないということだ。努力に対して効果は逓減《ていげん》するので、新たなスキルBを80点にすることは、現段階で90点のAを100点にする＋10点の努力よりも軽くて済む可能性が高い。メインウエポンを最大出力で維持しつつ、しかしサブウエポンの1つ2つを60～80点の火力で新たに装備することは、物理的には十分に可能だと私は考える。1科目にこだわって100点を取るために全力を尽くすよりも、3科目で80点を取る方が労力は少なくて済むかもしれない。複数の職能を抱える方が得だという論理は成り立つだろう。

しかし、それはあくまでも複数の職能を持つことが自身のキャリアの目的に適う場合のみの話だ。もし受験科目が1科目だけならば、3科目で80点ずつ取れることは意味を成さず、1科目で100点近くに突出できる方が有利なのは間違いない。なぜならば「その道の第一人者」と思われることで、さまざまなブランディング上のボーナスがあるからだ。それは日本一とか世界一などという大げさな話だけではない。「我が事業部の営業スキルにおいて、彼女は3本の指に入る実力を持つエースだ」なんて思われるだけで全く違うのだ。まずはメインウエポンに十分な火力をつけることを第一優先にしなければならない。

次の注意点は、君の軸から外れてしまうことだ。これはキャリアのリスクをヘッジする目的で職能を増やす際に起こりやすい。今やっていることからキャリアの幅を増やす意図が色濃いために、君のキャリアの目的やそもそもの特徴に沿っていないサブウエポンを装備しようとしてしまう間違いである。自分の持つ武器には正解がたくさんあるし、どの武器を何個持とうが目的次第では構わないのだが、自分に合っていないものを選んでも結局は身につかないし成功もしない。しかも1つ1つがバラバラだと、関連性の全くない事業を複数持ってしまった残念な会社と同じで、シナジーがなくて自身のリソースがますます分散するリスクを背負うことにもなる。サブウエポンの選択の際にも、「軸」に沿う原則は変わらないことに注意しよう。

これらの悩みに対する私なりの答えは、ブランド・エクイティー・ピラミッドを用いて、発展型となるMy Brandの未来像を戦略化してみることだ。職能を増やしたり、職能をアップグレード（職能の上位互換《ごかん》）したりする際に、ブランドの設計図は本当に役に立つ。**職能はただ増やすのではない、職能を増やすコツは〝シナジー〟を狙うことだ。**どうすれば己のキャリアの目的は達成できるのか？　その目的が達成されたとすると、その先にある新たな

目的は見えるのか？

My Brandの設計図とにらめっこしながら考えると良い。その上で、己のブランド・エクイティーを強化する戦略上にある職能を増やしていくということだ。その人がどんなエキスパティー（専門性）を持っているかということは、その人のブランドとしての価値（WHAT）に変化を及ぼし、そのWHATに直接的な影響を与えるRTBになり得ることを忘れてはならない。その意味で1つ目の職能で培ってきたエクイティーと相乗効果がありそうな2つ目のスキルの中から、自分の特徴に合ったもの（興味があって好きなもの）を選ぶのが最も戦略的だと言える。メインウエポンとサブウエポンを組み合わせると、自分のキャリアの目的の達成確率が増える2つ目の職能を選ぶことはスマートだ。

たとえば、「経理」としての職能を目指してキャリアをスタートした場合には、もちろん企業経理マンとして専門性をひたすら高く積み上げるエキスパートを志向することもできる。しかし、別のキャリアとしては、「財務」や企業の成長戦略を考える「企画」などの職能もサブウエポンとして獲得して、それら3つの合わせ技でファイナンス機能における職能を統括する上位互換である役割、たとえば企業のCFO（最高財務責任者）を歴任するキャリアを目指すこともできる。その場合は、きっと「経理」に特に秀でていて、「財務」や「企画」にも明るいCFOが誕生することだろう。

私の場合も事例として挙げておこう。先ほど紹介したMy Brandのエクイティー・ピラミッドを最初につくったときに、〝強い経営者になるために必要なスキル〟という目的の下で、3つの職能を習得する計画を組み込んだ。

プロとしての私のメインウエポンは昔も今も変わらず、戦略家としての「戦略構築能力」だ。「マーケティング力」は、実はサブウエポンだったのだが、七転八起しながら結果的にメインウエポン並みの火力が出せるようになった。火力の高いサブウエポンには他にも、意図的に経験と専門性を蓄えてきた「組織構築能力」がある。P&Gで本業のヘアケアのビジネスもやりながら、大して評価には繋がらない、トレーニングとかリクルーティングとか、組織改編のプロジェクトとか、そういう組織関係の仕事に積極的に志願して経験を積むようにした。

「ストラテジスト」も「マーケター」も「組織ビルダー」も、それぞれピンで立派に食っていける職能だが、その3つを高いレベルで兼ね備えることでどんどんレアになっていく。そして〝相乗効果〟が生まれる。これが大事。

「戦略構築能力」の価値は、戦場において無双の武力で勝ちを決める「マーケティング力」があれば輝きが相乗倍になる。「マーケティング力」の価値も、その力を活かせる戦局を見極める「戦略構築能力」があればこそ相乗倍に輝くのだ。また、それら「戦略」や「マーケティング」で策を立てるよりも、落ち込んだ業績で疲弊《ひへい》した組織においては、それらを実行することの方が現実の難易度ははるかに高い。戦える組織をつくる「組織構築能力」があれば、「戦略構築能力」や「マーケティング力」を相乗倍に輝かせることができる。

要するにその3つの職能はお互いの価値を増幅する関係にあり、しかもその3つは同じ戦場で同時に使用する可能性が非常に高い組み合わせになっている。私の場合は難易度の高いビジネス課題に挑戦している限りにおいて、その3つを同時に関連づけながら鍛えることができる。1つ1つを学ぶために1つずつ経験を積むような直列的な時間を必要としないところもシナジーの効果だ。

これら3つを同時にセットで持つことによって、結果が出せるビジネスマンになれると思った。結果が出せるビジネスマンに必要な職能はいくつもあるが、シナジーを考えながら、私の目的と特徴の軸に合っていると思って選んだのがその3つだったのだ。その3つが複層的にパースペクティブを広げていく中で、「戦略」、「マーケティング」、「組織」の3つを兼ね備えていくと、次第に〝CMO〟や〝経営者〟や〝起業家〟の領域にリーチできるようになっていった。相乗効果によって初めて見えるようになる景色もある。My Brandをより強く実現していく中で、生まれてくるレアな価値と新たな可能性が、次々と君のものになっていくだろう。

第5章

苦しかったときの話をしようか

人はどういうときに最も苦しいのか？　それは、働いて働いて、死ぬほど忙しいときでは決してない。会社や上司や周囲の評価が厳しいときは、辛いのは間違いないけれども、それも最も苦しいときではない。人が最も苦しいのは、自己評価が極端に低くなっているとき。**自分自身で自分の存在価値を疑う状況に追い込まれたとき**だ。周囲の塩評価も、自分で自分を疑い始める導入に過ぎない。

自分の価値を強く疑うとき、人は臆病になり、行動できなくなる。ガソリンが枯渇《こかつ》した車が動かないように、最低限の自信がないと人間も動けない。周囲と比較して自分ができないことが積み重なると、劣等感がどんどんハイライトされてくる。理想とのギャップから徐々に重くなってくる焦燥《しょうそう》感や、周囲の期待に応えられないときに刺すように冷たい無力感。これらは自己肯定感を容赦なくどんどん削ってくる。

そんな自己評価が極限にまで下がった時期が、私にも何度もあったことを話しておきたい。これから船出していく君が、順風満帆から程遠いであろう現実に向き合ったとき、これらの私の話が準備運動になればいいと切に願う。

君からは好きなことばかりやって何でも実現してきたように見える私にも、キャリアの途上で情けないことや惨めなことはたくさんあった。しかし、**「きっと何とかなる」ことを覚えておいて欲しい**。私だけではない。一人一人が似たり寄ったりの苦しさと向き合って、それでもなんとか生きてきたことを、そしてたいていの人がハッピーになれたことを忘れてはいけない。苦しいときほどそのことを忘れてしまうから、そういうときにこそ想い出して欲しい。

私の黒歴史を紐解いて、社会人になってからの10年間という今の君に近い時期の実話を、3つほど選んで伝えておきたい。

劣等感に襲われるとき

最初に就職した会社P&Gに入ってから2年目の夏、私は物理的に電話が取れなくなった。情けないことに、文字通り電話が取れないのだ。電話が鳴るとドキドキして、頭が真っ白の思考停止状態になって、汗が出て、電話を取ろうとした手が止まる。頭では受話器を取ろうとしているのに、手が、なぜかそれ以上は動かない。心療内科の御世話にこそならなかったが、今考えるとあの頃の私は半分病んでいたのかもしれない。

今となっては、どうしてそうなったのか理解できるけれども、その当時は本当に訳がわからなかった。それまでも7回も救急車に乗るような人生だったが、そんな不思議なことになったのは人生で初めてだったからだ。

私はP&Gという会社のマーケティング本部を選んで入った。しかし、周囲を見ると、先輩はスーパーマンだらけ、他部署の同僚も凄いプロが一杯、極めつけは同期入社やその前後まで皆が明らかに優秀。360度が超絶に賢く輝いて見える！

どこにでもある郊外の公立の小・中・高から神戸大学に入った私は、それまでの人生でそこまで能力の高い集団に属したことがなかった。もちろん不得意なこともあったが、得意なことで押せばすぐになんとかなったし、何でも要領よく近道を探すのが得意だった。そんなに頑張らなくても、集団の中で「できる方」のグループにいるのが得意だった。

神戸大学でも、主席の三好君と次席の相原君の優秀なノートのおかげで、好きなことだけをやりまくっていたのに総合成績8番で経営学部を卒業した。社会人デビューして感じた、自分の存在意義を自分自身が根底から疑うようなグラグラした危機感を味わったことがなかったのだ。

P&Gマーケティング本部の新入社員としての最初の頃の業務には、私の得意なこともあったけれども、大半は苦手な領域に感じた。定量データの分析は得意、何をやっても、いつまでやっても疲れなかった。でも、女性に好かれるかわいいデザインのパッケージを開発するとか、リンス効果を実感するシズル感のあるコピーを考えるとか、そもそもシャンプーを女性がどんな気持ちで使っているかを洞察するとか、深層心理で何を求めているのかを掘り起こすとか、そういうファジーな内容についてはどうにもよくわからない。はっきり言って、それまでの人生で、パッケージのかわいさとか、シャンプーとか、そんなものを気にしたことなど一度もなかった。

多くのマーケターは感覚的にアタリをつけて〝ファジー〟を上手に乗り越えられるから早く仕事が回るけれども、そのセンスがなかった私には、諸先輩方の真似をしてもしっくりくる解答がさっぱりわからなかったのだ。やがてさまざまなプロジェクトの期日がどんどん迫る、しかしロクな提案を上司に持っていけないので怒られる。他部署のカウンターパートからも確認や怒りの電話がガンガン鳴るようになった。プロの集団では全員が結果を出すために取り組んでいるので、不注意や不作為にも容赦はない。まして新人かどうかなどは関係ない。電話が鳴るたびに厳しい御指導と御鞭撻《べんたつ》！　をガンガンもらう毎日は続いた。

もう1つ、最初の上司の仕事のスタイルが、私のネイチャーと大きく違ったことが災いした。彼は「ミスター・セブン-イレブン」と異名をとるくらい、文字通り朝から夜遅くまで粘り強く働くハードワークをスタイルにしていた。休日出勤も頻繁にこなすこの上司は、土曜日にも私の自宅に電話してきて「森岡君、あの資料はどこにあったかな？」などと聞いてくることが頻繁にあった。社会人になりたての私は、最初の「親」の真似をする雛鳥のように、疑問を持たずに彼と同じサイクルで働くようになった。今振り返っても、オフィスでの労働時間が最も長かったのはこの上司に仕えていたこの時期だったと思う。この私が朝7時前から働いて終電で帰るなど、今は想像できないというか、全くあり得ない。きっと君も信じられないだろう。

そんな生活を続けるとこのようになっていく……。目を開けると、とにかく急いで支度をして会社に行く。モティベーションは高いのでその上司よりも早く出社して仕事に備えるのだ。そして日中はずっと自分ができないということを自分自身でまざまざと実感し、上司に鋭く指摘され、同僚にがっかりされ、周囲からの怒りの電話と向き合う。自分自身の作業時間が確保できるのは、皆が帰る19時くらいからだ。もちろんハードワークの上司も残っている。

そうやって猛烈に働いて終電に飛び乗って帰る。家に着くころにはとっくに日付を越えている。とりあえず最低限のことだけをしてベッドへ崩れ、目を閉じる、そして目を開ける、急いで会社に行く……。目を閉じて開けると会社、目を閉じて開けると会社……。会社に行くために目を閉じて、会社に行くために目を開ける、そんな毎日が続くようになる。

だんだんとおかしくなってきた。その少ない睡眠時間でさえ、疲れているのに熟睡できなくなってきたのだ。会社で鳴る電話の音にドキドキするようになってきた。自分の電話音だけでなく周辺で鳴る電話の音自体にドキドキと反応し、冷や汗と異常な嫌悪感が募るようになってきた。家でプライベートの時間を過ごしているときも、上司から時折電話がかかってくる可能性を常にどこかで気にしていて、不安で暗い気持ちになった。すぐに仕事と全く関係のない誰かからの電話に出るのも嫌になった。友人や実家からだとわかっていても、着信音が鳴っただけで、一瞬で嫌な気持ちになるようになった。しょうもない勧誘の電話で平和が脅かされたときは、我慢できないくらい無性に腹が立つようになった。

したがって休日には、家の電話のジャックを抜いて、電話の音が鳴らないようにしないと安心できなくなった。自分が家にいるときには、常時、電話回線を切っておくのが習慣になったのだ。そこまで進むと、ついに驚くべきことが起こった。ある日、会社の自分の電話が鳴ったとき、取ろうとした手が動かなくなった。取ろうとしているのに、本当に動かないのである。そのとき、ようやく私は自分が故障していることを理解した。

ここから自分がとった行動の正しさは、今振り返ると最初のキャリアの分岐点だったような気がする。私は決死の覚悟で、上司にお願いすることにした。

「Uさん、私はUさんのように粘り強く長時間働くのが性に合っていません！　仕事とプライベートのオンとオフを明確に区分けして、働くときは時間を決めて集中して働くやり方でいきたいと思います。Uさんの真似をして残業や休日出勤もずっと頑張ってきましたが、体調がおかしくなってきました。Uさんにスタイルがあるように、私のスタイルも認めて頂きたいのです。プライベートの時間に仕事のことを頭の中に混ぜたくないので、よほどのことが無い限り自宅には電話をかけてこないで下さい。お願いします！」

このような内容だったと思う。

一瞬、キョトンとしていた上司は、「うん、もちろんだよ。自分に合ったスタイルで働かないと、仕事自体はきついのだから身体がもたないよ。なんだ、君も僕と似たスタイルなのだと思っていた。どうしてもっと早く言わなかったの？」と言った。

必死な私とは対照的に静かな反応だった。拍子抜けとはこういうことだろう。

確かに上司は、私に自分の真似をしろと言ったことは一度もなかった。仕事のできる彼に憧れていた私が、彼のようになりたくて、勝手に真似をしていただけだ。彼からの休日の電話も、ストレスならばどうしてもっと早くやめて欲しいと言わなかったのか？　体に異変が起こる前に気づけよ！　という話。

しかしながら人間は、自分がどこまでどうすれば壊れるか、そんなことは壊れるまでわからない。壊れかけているかもと異変に気づいたときには、たいていはもう壊れている。本当は上司や周囲から少しでもよく見られたいために、苦しかったり異変の自覚症状があったりしても、できるだけ周囲に悟られないように隠してしまうのがよくあるパターンだろう。

このときは、ギリギリで上司に対してオープンに相談するという正しいアクションがとれたことがラッキーだっただけだ。肩の力が抜けた私は、それまでの短くも苦い経験から、自分がどのような働き方をすれば最も中長期的に成果を出しやすいかを考えた。そして自分のスタイルを大転換したのだ。

簡単に言うと、農耕民族型から狩猟民族型に変えた。畑の隅々まで勤勉に緻密に丁寧に耕すことを止めた。自分の特徴はそうではなかったからだ。どこに焦点を絞って働けば最小の努力で最大の成果が上がるか？　これを考えるのが好きで得意だった私は、依頼された仕事の中から、本当にビジネスに影響を与えるより重要な課題の3割を選んでそれに集中し、残りの7割は捨てる、そういう働き方に変えたのだ。獲物がどこを通るか、ヤマをはって勝負する猟師のやり方だ。

また、残業は絶対しないという覚悟のもとで、1分の集中力にこだわる働き方に変えた。朝は仕事を始める前に、その日はどうすれば5時半に脱出できるか、仕事の段取りをよくよく考えて「効率」にとにかく頭を使った。そうすると、自分一人の段取りを管理するだけではダメで、自分と一緒に働く他部署を含めたチーム全体の効率を考えて仕事をリードしないと、5時半には帰れないことがわかった。自分の車だけではなく、周囲の車10台をどうやって操縦するか？　そのためには、ますますチームの優先順位を選び抜く戦略眼が一番大事なことを理解していく。そうすると役立たずだった新人にも、チームの中での役割というか、自分の居場所が少しずつできてきたのだ。

私の総合的なパフォーマンスは徐々に向上していった。まず、よく眠れるようになった。デスクで鳴る電話は相変わらず取れなかったけれども、音声録音を聴いて後から対処するやり方で何とかした。上司はそんな私の凹凸ある特徴を理解し、強みを縦に伸ばし、弱点を強みで隠すサポートをしてくれた。彼は人を褒めるのはあまり得意ではなかったし、手厳しいフィードバックをくれた思い出の方が印象深いけれど、聡明で自分に厳しく、誰よりもフェアな人だった。後で知ったことだが、私がその後、同期の中で最速でブランドマネージャーに昇進し、日本人では稀な米国のP&G世界本社への転籍に繋がる非凡な経験を積むキャリアの土台を作ってくれていたのは、この人だった。今でも心の底から感謝し、尊敬している。

私の最初の上司は、そんな武士のような人だった。

ところで……。君が物心ついてからも、森岡家では世間に逆行してどうして携帯電話がなかなか普及しなかったのか、今まで変に思ったことはなかっただろうか？「相手の都合に関係なく24時間、人と同期化することを強制されるのは真っ平だ」とか、「そんなものを使うからいつでも誰かに判断を仰げると思って、人間は自分の頭で考えなくなる」とか、私が言っていたのを覚えているだろうか。アラサーで臨んだ米国在住時代でさえ、自分はもちろん、末っ子を妊娠していた君の母親にさえ携帯電話を持たせなかった。そのせいで、彼女の車がパンクした際に私の助けを呼べず、英語が苦手で周囲に助けも求められず、最寄りのKrogerから身重で数キロを歩いて家に帰ることになった事件があった。ほんとうに可哀想《かわいそう》なことをした。

家に携帯電話がずっと無かった本当の理由は、周囲で鳴る電話の音が私にとっては本当に怖かったからだ。テレビドラマの中の電話音を聞くだけでドキッとして、ものすごく嫌な気分になる。P&Gの中でどんどん成功するようになっていっても、そんな状態はずっと続いていた。私がようやく携帯電話を持てるようになったのは、米国生活を終えて帰国し、更にしばらくしてからの30代半ばだったと思う。USJに転職するほんの数年前だ。この世代の一線のビジネスパーソンで携帯電話を持たなかった最後の人間は、もしかして私かもしれない。

今では取ろうと思えば電話も取れるようになったが、苦手なのには変わりはない。スマホは持っているけど、人とのコミュニケーションは主にメールで、電話は常時サイレント設定にして基本的には出ないことにしている。もっとも、今の私の仕事柄、エグゼクティブとの会談や、のっぴきならない会議を梯子《はしご》している分刻みのスケジュールで、かかってきた電話に一々対応できないのは仕方ないとも言える。と言いながら、電話が鳴ると瞬間的にブルーな気分になることが本質であることは否めない。きっと電話の着信音は、私にとっては脳に当時の苦しさを思い出させる「鍵刺激」なのだろう。すべてが後手で仕事に追い回されていた、日々深まる劣等感の中で自分の周囲だけが輝いて見えていた、惨めだった社会人デビューの感情が呼び起こされるのだと思う。

社会人デビューとは何か？　それまでの集団でそれなりにできていた自分が、新しい集団の中では一番できない人間になること、とも言えるのではないだろうか。心の準備と覚悟がいるのは、そのギャップが巻き起こす衝撃と不安と苦しさに対してではなかろうか。むしろ雑草育ちの私よりも、高偏差値の学校を勝ち抜いて来た学業秀才の人であればあるほどギャップは大きいだろう。トレーニングや人材育成に定評があった当時のＰ＆Ｇでさえ、少なくない数の新人が「できない自分」を乗り越えられずに潰れていった。会社に出て来られなくなった、心を病んだ、何らかの理由をつけて退職していった、それらの大半の原因は「できない自分」との向き合い方がわからなかったからだと思う。

冷静にみると、当然のことではある。同じような採用基準で一定のレベルに到達していると判断された「自分と同程度の能力（あるいはそれ以上のピカピカの人材）」が集まって母集団を形成している。数年先を歩いている先輩も同様の潜在能力を持つ上に、伸び盛りの数年間を費やして経験とトレーニングでそれを磨きまくったのだから、新人との能力の差はさすがに大きい（実はそんな差は数年も経たずに埋まるのだけれども、その時点で新人にはそうは思えない）。社会人デビュー直後は、自分が相対的に「一番できない人間」になることは誰にとっても避けられないのだ。

潰れないためには、最初から肩の力を抜いて、最後尾からスタートする自分を予めイメージして受け入れておくべきだ。そこから本当の努力を積み重ねられる自分であるかどうか。つまり「今日の自分は何をどう学んで昨日よりも賢くなったのか」、その1点を問える自分であればいい。「できない自分」ではなく「成長する自分」として、自分だけは自分自身を大いに認めてあげて欲しい。そうすれば苦しくても、心が壊れる前にきっと相応の実力は追いついてくるだろう。追いついて追い越すだけの「時間」を、枯れないで歩き続けさえすれば、自然の摂理どおりにいずれ芽は出てくるということだ。

みんな、最初は新人だった。大丈夫、**貪欲に学ぶ姿勢と、数年に満たない時間がきっと解決する**。これから就職する君にも、そしていつか転職して新たな環境に飛び込むときにも、多くの人が何とかなったように君もきっと何とかなることをよく覚えておいて欲しい。長い旅の最初の一歩をしっかりと踏み出すために。

自分が信じられないものを、人に信じさせるとき

ついにブランドマネージャーになった。27歳のときだ。多くの人が多用する感覚に頼ったマーケティングとは違った、ポンコツを補うための独特のやり方を編み出すことに私は没頭していた。それがマーケターとして辛うじて世の中の役に立てる可能性であり、自分が生き残れるかもしれない道だと感じていた。

料理はセンスを活かしたアートだ。同じレシピで同じ材料を使って料理しても、10人いれば10通りの味の違いと見た目になる。私はマーケティングを自分の苦手な「アート」である料理ではなく、もっと「サイエンス」である理科の実験のようにアプローチできないかと発想した。一定の再現性が求められるサイエンスの領域をもっと増やせるなら、その方がマーケティングは安定して投資効率が上がるのは自明だからだ。

確率思考の戦略へ。文系出身者が多いマーケティングの世界で、少数派だった数学的な発想や計数への執着などの自分自身の特徴を活かして、確率論による分析モデルを開発してよ

り多くの事象を定量化し、元々大好きな戦略思考にドッキングさせる。そして戦う前に謀《はかりごと》を巡らし、誰よりも早く正確にどこが勝ちやすいかを探知する能力を獲得する。そうすればレアになれるかもしれない。自己保存と合致したその道筋はクリアだった。私はブランドマネージャーに昇進したのが嬉しくて、自らのこれからに対して希望と期待に満ちていたのである。

しかしながら、キャリアとはやはりそんなに甘いものではないらしい。そのブランドマネージャーとしての最初の仕事で地獄を見ることになった。もともと内示されていたポジションから発表直前に突然話が変わって、私が任命されたのはP&G世界本社のCEO肝煎《きもい》りのプロジェクト、「フィジーク」の日本導入プロジェクトだった。

このフィジークでの出来事は、2014年に放送されたNHKの「プロフェッショナル仕事の流儀」に私が出演した際に、「部下を裏切ってしまった過去」という流れで、固有名詞は避ける形で概略だけ紹介された。もうあれから20年近く経っており、もはや時効だと思うので、何があったのかについて、君にはもっと詳しく伝えようと思う。

P&Gは米国中西部のロウソクや石鹸のビジネスから始まった、洗剤メーカーを原点にしている。芸術の都パリの空気を吸い続けたロレアルとは違うのだ。P&Gには、SK-IIのような例外的な成功も稀にはあるが、得意なのはBeauty CareではなくDirty Careである。したがって、Beautyにコンプレックスと、同時に強い願望を持つ。その願望から生まれたアイデア、米国の中西部の片田舎シンシナティーで開発されたブランド、それがフィジークだった。

私の前任のブランドマネージャーが数年前から米国シンシナティーにあるグローバルチームと一緒になって、このフィジークの開発を進めていた。主だった戦略がほぼすべて定まり、半年後に日本に導入するテストマーケットを開始することが決定した。その決定後に前任者がP&Gから旅立つことになり、別のブランドを担当する予定だった私が急遽このポジションに充てられたのだ。

フィジークの商品コンセプトは「Physique, Science Liberates Your Style」だった。米国の消費者調査ではそこそこ良いスコアを取ったらしい。ちなみに米国人はLiberate（自由に解き放つ）という単語が好きだ。彼らの建国精神や、奴隷解放の歴史など、文明の土台を支えている価値観だからだ。しかし、これがなかなか日本語にならないのである。頑張って訳すと「フィジーク、科学があなたのスタイルを解放する」になるが？　果たして君はこれを欲しいと思うだろうか？

実はグローバル企業において、この本国から来た戦略をローカル化する悩みは「あるある」なのだ。かつてはロレアルも「Because You're Worth It」という英語のフレーズを直訳して、「あなたにはその価値があるから」と上から目線の残念な日本語コミュニケーションを展開していた。Beauty Careの巨人であるロレアルは、それでも全体を通してセンシュアル（官能的）な魅力を創り出すことができるのだけれども、理屈で洗剤を売ることが原点のP＆Gには、そもそも美を売るノウハウが圧倒的に不足していたと私は思う。

深刻な問題は他にもあった。1本1980円という価格設定だ。ヘアサロンや当時のソニプラなどで売るならともかく、P＆Gが得意な一般のドラッグストアやGMSを中心としたマスチャンネルで売る戦略で、その値段は一体？　超高利益率で、お店に置いてもらうことを狙って販売量の目標を小さくしているならまだわかる。しかしそこに入っていた期待は、マスブランドとしての大きなボリュームだった。

数学なんて使うまでもなく、戦略が最悪に近いことは明らかだった。WHO、WHAT、HOW、どれもが焦点を外していて、しかもその3つがガタガタであり、ちぐはぐになっている。しかし、フィジークは既に日本でのテストマーケット開始が意志決定されており、半年後には福岡・佐賀エリアの店頭に並ぶことになっていたのだ。日本のヘアケア部門でこれが成功すると思っていた人は一人もいなかったと思う。しかしなぜ日本導入が前に進んだのか？　それは当時の世界本社のCEOの肝煎りプロジェクトだったからだ。簡単に言うと、誰も彼に対して「こんなものうまくいかない、やめるべきです」、つまり「あなたは愚かです！」とは言えなかったのだ。

君もいつか巻き込まれるかもしれない。大きな会社では、こういう誰も信じていないのに絶望的な結果を見るまで誰も止めることができないプロジェクトが、実はいくつもある。俗に言う「ヤバイ案件」だ。王様に近い幹部が自己保存のアジェンダを追求するせいで、「王様は裸だ！」と言えないのがむしろ世の常であると知っておいた方がいい。組織では、意志決定者へ正しい情報を供給する神経回路が破断しているせいで、驚くような平易な間違いがしばしば起こる。

日本のフィジークの導入の成否は、CEOにとっても、日本のヘアケアのトップにとっても、数あるプロジェクトのほんの一部にすぎない。しかし、フィジークにアサインされたブランドマネージャーにとっては、このプロジェクトがヤバイことは、自身のキャリアがヤバイことを意味しているのだ。当然、私は内示されたその場で、日本のヘアケア部門のトップだったシンガポール人の上司に対して少々感情的に反応した。

「貴方はフィジークが成功すると思っているのか？　思っているなら何をどうすれば成功するか教えて欲しい。思っていないならどうして信じていないプロジェクトを部下にやらせるのか教えて欲しい。これが成功するとは思えないから、私はこのままではブランドマネージャーは受けられない。どうしてもやれというのであれば、せめて勝てる戦略に作り直させて欲しい。テストマーケットを1年遅らせてくれ！」と。

彼からの反応は、「どのブランドを担当するのかを決めるのが君ではないことはわかっているだろう。戦略もテストマーケットのタイミングも日本として既にコミットしているので、変更や遅らせることはできない。やってみなければ失敗するかどうかもわからない」というものだった。

私は食い下がり、「あなたは日本のヘアケア全体で評価されるからそんな呑気なことを言っていられるのだろうが、最初のブランドマネージャーのアサイメントで、こんなガタガタの戦略に縛られたプロジェクトの結果を問われる私のキャリアはどうなると思っているのか？　あなたは私を失敗させるためにブランドマネージャーに昇進させるつもりなのか？」と強く突っ込んだ。

そしたら彼はついにキレて、「君の才能にも将来にも期待しているから昇進させるに決まっているだろ！　P&Gでブランドマネージャーになりたいのであれば君はこれを受けるしかない！」と声高に言い放ち、最後にこの言葉を口にした。私はこの言葉がずっと忘れられない。「Don't Worry!　Launch quickly, learn quickly, and die quickly!（心配するな、早く出して、早く学んで、早く死ね！）」

彼ははっきりと言った。

要するに、彼も含めて誰もフィジークを信じていないけど、誰も本社のプロジェクトを潰せない。止めるにはテストマーケットを早くして、市場の結果でうまく行かないことを証明するしかない。それが日本のヘアケア部門にとって（彼にとっても）最も傷口を小さくする方法だと、彼はそう言っていたのである。

私は、そのとき、自分の運の悪さを嘆いた。最初のブランドマネージャーの仕事でどうしてこんなヤバイ案件を引き受けることになるのか？　大凶を引いたようなものだ。しかし、私にフィジークをやる以外の選択肢は、辞めて会社の外に出ることしかなかった。P&Gでせっかく苦労しながらここまで来て、ブランドマネージャーを体験する前に辞める訳にはいかない。今考えるとその考え方は「小さいな」とつくづく思うのだけれども、そのときの私は大きな組織の中で生き残る道を優先したのだ。ほどなく私の昇進は発表された。

1つのブランドを市場導入する際の仕事は多岐に渡り、その仕事量は全国発売だろうがテストマーケットだろうが大差はない。社内でフィジークに関わる人間も数十人に及んだ。人生ではじめての部下もできた。私よりも年上のおしゃべりが大好きなイタリア人男性と、新卒ながら極めて優秀な日本人女性だった。私を含めたこの3人を主なエンジンにして、フィジークを何とか成功させなければならない毎日が始まった。心の中との不一致は解決できないままだった……。

このフィジークで味わった形容しがたい苦しさは、「自分が信じていないものを人に信じさせなければならない断絶」が発生源だった。失敗すると私は思っていた。しかし部下や他部署のメンバーに「こんな失敗するプランを我々にやらせやがって、会社はアホや」なんて絶対に言えなかった。自分が信じているリーダーやプロの信条として、それだけはできない。そんなことを言えば、楽になるのは自分だけで、シニカルは伝染して部下や同僚のモラルを激しく下げるだけだ。信じていないものを信じていないものとして私に無理矢理に押し付けた、その上司と同じになってしまう。たとえ自分の意に沿わないことでも、一旦引き受けた限りは、全体（会社）の立場に身を置いて最善の言動を尽くすのがプロだと、昔も今もそう信じている。

結果として、一人一人に嘘をついているような気分を私は毎日味わっていた。日本本社の数十人だけではない。広告代理店の皆さんに対しても「私はフィジークを信じている」という立場を一貫して通した。テストマーケットを推進する福岡・佐賀エリア担当の営業部隊の仲間たちは、私のポジティブな言葉を材料にして、それまで培ったそれぞれの小売顧客との信頼関係を担保にしてフィジークを店頭展開してくれたのだ。どうしてそのよくわからないコンセプトでも日本の消費者に支持されるのか？　なぜ１９８０円でも売れるのか？　それらの根拠をもっともらしいデータの解釈で用意した。全ての仕事が後ろ向きに思えてきて、毎日が本当にどんどんしんどくなってきた。それでも私は会社からの使命を果たすべく、人々を動かして任務を遂行し続けた。

結果として、延べ数百人にもおよぶ大切な人たちに対して、私は自分が信じていないものを信じているかのように言い続けたことになる。

このときの苦しさは私の拙《つたな》い文章力ではどうにもこうにも表現することができない。それは単純な罪悪感ではないのだ。自分としては皆と一緒になって会社の文句を言う方が楽だった。少なくとも会社のためにプロとしてより厳しいことをやっているという使命感はあったし、罪悪感はない。ただ、ひたすらにエネルギーが枯渇していくのだ。日々の業務の1つ1つに対して、情熱が、元気が、ヤル気が、どんどん出てこなくなっていく……。

多くの人がそうであるように、自分が信じているものに対してなら私も本来の力が湧いてくる。信じていることをやり遂げるためならば、挑戦する闘志が燃えてくるし、たとえ逆境でも構わない。後にUSJの経営再建に取り組んだとき、ハリー・ポッターを成功させるまでの道のりでも暴力的に激しい艱難辛苦《かんなんしんく》による重圧があったが、それはフィジークで感じたストレスとは性質が全く違う。このときはもっとジワジワと陰湿で悪質に、プロとして生きていく覚悟そのものを削られる。この類の悪質なストレスを生み出すものを、私は「後ろ向きな仕事」と呼んでいる。

そんな苦しい日々の中で、テストマーケットは開始された。そして数か月で予想どおりの大惨禍《さんか》となる。しかし、仕事はそこで終わらない。悲惨な撤退戦、つまり後始末があるのだ。全社のすべての人から「大失敗したフィジークのブランドマネージャーの森岡」と指さされているように感じる中で、なぜ失敗したのかを分析してまとめて、世界本社に報告してファイルにも遺さねばならない。テストマーケットに協力して下さったカスタマー（GMSやドラッグストアの小売業者の担当バイヤー）へお詫び行脚《あんぎゃ》をしている福岡・佐賀の担当営業チームへ説明とお詫びに行かねばならない。当然だが、営業責任者に「君、ここによう来られたな？」と露骨に言われた。彼らに対しては申し訳ないでは済まない。

更には、フィジークチームは解散することになり、部下の身の振り方にも不利益がないように全力で腐心しなければならなかった。かろうじて部下たちは理不尽からは守れたが、優秀な本人たちの器や仕事ぶりを考えると、その処遇は当時の私を絶望に沈めるのに十分だった。今思い出しても申し訳ない気持ちで一杯になる。部下に報いることができなかった私自身への評価は、もはやどうでも良かったが、当然最悪だった。この次に失敗すれば即座にクビというところまで追い詰められた。

「早く出して、早く学んで、早く死んでくれれば大丈夫！」と言われた通りにやったのだが、予想していたとおり全く大丈夫ではなかった（笑）。それを言ったシンガポール人ディレクターはとっくにもう1段昇進していて、直接の部下でない私を特段にかばおうとはしなかった。まあ、世界はそんなものだ。

覚えておいて欲しい。評価者の情状《じょうじょう》酌量《しゃくりょう》に身を委ねる情けない自分ならば、評価は最悪で当然なのだ。ある程度の公平さを保つ組織にいるならば、「数字（＝結果）」を持っていないと、どんな理由があっても評価においては無防備で弱いのは当たり前。もし結果に関係なくお気に入りを評価してくれる組織ならば話は違うだろうが、そんな会社にいることの方が長いキャリアのためには大問題。それは成長できない有害な組織だから、そんな会社ならむしろ早くクビになって辞めた方がいい。

このとき私が首の皮一枚でクビを免れたのは、そのシンガポール人に代わって直の上司になった香港人ディレクターのEさんが盾になってくれたからだ。後日聞いたことだが、Eさんは「フィジークは出したこと自体が失敗で、それを判断した者の責任こそが問われるべきだ」と評価会議で捨て身の大演説をしたらしい。そしてフィジークの1件だけではないのだが、この直後に誠実なEさんはP&Gをキッパリと辞めた。私は申し訳なくて情けなくて、送別会でまともに彼の顔を見ることができなかった。

ブランドマネージャーに昇進してから最初の1年間は、そのような後ろ向きな仕事と、大惨禍による地獄の嵐が吹き荒れて終わった。この苦しかった経験の中から私が学んだ主なエッセンスを2つ伝えておく。

1つはCongruency（信念と行動の一致）の大切さだ。このときの私は、会社の立場で言動をコントロールするというプロとして最低限の信条は守ったものの、「周囲を勝利に連れて行く」という己の存在価値＝アイデンティティーそのものを保ちようのない状況下に置かれた。それによるパワーダウンが甚だしいことを痛感した。もう二度と御免だ！　どうすればそのような「勝つための戦い」ではない戦場に送られることを防げるのか？　それを必死に考えた。出した答えは、**無力なサラリーマンである以上は「後ろ向きな仕事」は避けられない**という悲しい結論だ。

実際に多くのサラリーマンたちが死んだ目をしながら、人生の一番良い時期を「後ろ向きな仕事」に費やしている。生活のために組織に命じられた仕事を素直にやるしかないと彼らは思っている。何年もそんなことをやっているうちに、仕事の意義や自分の存在価値を疑問にすら感じなくなるのだ。私はたった1年でも発狂しそうだったのでわかるが、数年や数十年ともなれば、発狂しないためには、諦めることで不感症になるしかないだろう。そんな一人になるのは絶対に嫌だった。ならばどうするか？　なんとかして無力なサラリーマンを抜け出すしかない。

無力ではない、つまり有力なサラリーマンとは？　それは会社にとって数多くいる消耗品のような「人材」ではなく、辞められたら本当に困る「人財」として組織に認識されること。それでようやく、ある程度の対等さで会社と交渉できるようになる。もしP&Gにとって当時の私が本当に辞められたら困る人財だったのであれば、あのシンガポール人上司は内示を変更してまで私にフィジークのババを引かせたはずはない。悲しいことだが、そのときもそう思ったし、今ならばそういうことだったと断言できる。不運として片づけて良いことばかりではない。この場合は、己の力不足が不運を呼び込んだ構造的な原因になっていたのだ。

有力なサラリーマンになった先は、いつか会社の枠を超えて自分の名前で仕事が選べるレアなビジネスマンになってやろうと思った。その自由を手に入れたとき、はじめて私にとっての「後ろ向きな仕事」から本質的に解放されるのだ。そして目的が同じ仲間たちがいれば、力を合わせて「勝つための戦い」はもちろん、情熱が奮い立つような「大義ある戦い」すらも選べるようになる。いつかは仲間をそんな面白い旅に連れていける自分になれるかもしれないと夢想した。私が起業したマーケティング精鋭集団「株式会社 刀」は、実はこのときの想いを原型にしている。

2つの学びのもう1つは、結果を出さないと誰も守れないということだ。組織にとって都合の良い働きをしたとしても、結局はフィジークのように結果が悪ければ、誰も守ってくれないし、誰も守ることはできない。頑張って私を支えてくれた部下二人に報いるどころか、彼らのキャリアに悪い方の影響を与えてしまった。新しい上司は私よりも後から来たのに私をかばって会社を辞めた。私が動かしたすべての人たちを、私はリーダーとして守れなかったのだ。もしフィジークが私の個人商店であれば負債を抱えてとっくに倒産している。そして経営規模が大きくなると、全く同じ原理で被害はもっと大きくなる。なんだかんだ言っても、会社の業績が悪ければ給与カット、大量のリストラ、全員が失業、本当にロクなことにはならない。

ならばリーダーとして成さねばならないことは何か？　それは、誰に嫌われようが、鬼と呼ばれようが、恨まれようが、何としても集団に結果を出させることである。自分の周囲の仕事のレベルを引き上げて、成功する確率を上げることに、達すべきラインを踏み越えることに、一切の妥協を許さない。そういう厳しい人にならねばならないということだ。

私は、ナイスな人であろうとすることをやめた。森岡さんってどんな人？　と聞かれた部下や周辺の人が、もうどれだけ罵詈《ばり》雑言《ぞうごん》を述べたってかまわない。ただ一言、「結果は出す人よ」と言われるようになりたい。人格の素晴らしさで人を惹きつける人徳者である必要もない。ただ「ついて行くと良いことがありそう」と思ってもらえる存在であれば良い。結果さえ出れば、彼らの評価を上げることができるし、彼らの昇進のチャンスも獲得できるし、給与もボーナスも上げることができるのだから。大切な人たちを守ることができるのだ！

それこそが私にとってのCongruencyだ。周囲を、仲間たちを、勝利に連れて行ける人間でありたい、そうなりたいと、泣きたいような気持ちで切望していたフィジークでの寒い日々が、そのことを私の価値観の一番深いところで常に思い出させてくれる。チームを勝てる場所に連れて行って戦わせて、追い込んで、追い込んで、必ず勝たせたい、そして報いたいのだ！

己の情熱を傾ける仕事を選べる自由を手に入れねばならない！　もっと過酷な状況でも結果を出せる人間にならねばならない！　そのために必要なのは、職能（スキル）だ。自分が選んだマーケティングという職能で、もっと圧倒的な戦闘力を身につけなければならない。「自由を手に入れるために、フィジークでのこの悔しさは決して忘れない！」と心に刻んだ。

後ろ向きな仕事による苦しみの最中は、とにかく辛くて惨めだ。その傷がまだ生々しいうちは、自己肯定感がなく、自信は崩れ、自分の中の軸が容易に揺らぐ。しかしキャリアをもっと長い目でみたときには、そういう経験こそが、得難い学びであったと思えるようにもなったのは不思議だ。フィジークの大失敗で、一度見事に砕け散ったプライドのおかげで、私の眼には世界が再び新鮮に映り始めた。外壁の破壊によって見えた新たな景色へ向かって、私の急激な成長が始まったのだ。私は自分の武器をそれまでとは違う次元の執念で磨き始めた。

無価値だと追い詰められるとき

これからする私の話も、珍しいケースではない。プロが本気で競争している最前線ではどこの世界にも普通にあると思っていた方がいい。**プロの世界で最初から友情や親切を期待するのは単なる「お人よし」であり、淘汰《とうた》される「負けのマインド」であることを覚えておいて欲しい**。プロの世界とは生存競争の最前線である。プロの世界の友情とは、お互いの実力を認めた後に初めて通うリスペクトの感情であって、日本の道徳上の定義とは違う。友情も、リスペクトも、相手からもらえるべきものではなく、己が実力で勝ち取るものだ。

フィジークでの悲惨な顛末《てんまつ》でも首の皮一枚で繋がった私は、次のアサイメントから多くの結果を出して自信と評価を挽回し、ヴィダルサスーンブランドの黄金期を築くなどして顕著な実績を積んだ。そして私は2004年に海を越えて米国シンシナティーにある世界本社に赴任《ふにん》することになった。当時のP&Gジャパンは日本組織の中でほとんどの人事が完結していた時代であり、日本人が海を越えて世界本社に行くことは極めて稀だった。しかもやることになったのは、世界のP&Gの中でも屈指のメガブランドだった北米パンテーンのブランドマネージャー。しばらく伸び悩んでいた北米パンテーンに外から違う考え方を導入する意図で、P&Gの中でも独特な戦略構築力を光らせ始めていた私に白羽の矢が立ったのだ。

君も覚えているように、家族それぞれにとっても忘れられない挑戦となった米国生活が始まることになった。

8月に家族と一緒に渡米してから数か月経ったその冬に、私はストレスで血尿を流す日々を送ることになった。わかりやすく言うと、ここで私は赴任当初から職場でのイジメ？に遭った。イジメという表現が適切でなければ、不必要なストレスや足を引っ張る圧力を意図的に受け続けた、と表現しよう。

しかし血尿の冬の核心は、周囲からの敵対的な反応や厳しい評価ではない。防御不能な凶悪なストレスを降り注いだのは、他でもなく己の価値を疑い始める自分自身だったのだ。暴落する自己評価をかろうじて支えていたのは、それでも己の強みを信じたい願望の1本の糸。不安定でいつ切れていてもおかしくはなかった。

当時の北米パンテーンは「利益」だけで、V字回復前のUSJの「売上」をも遥かに上回る圧倒的な巨大ブランドであり、世界のP&Gの屋台骨の1つだった。しかし、P／L責任を担う北米パンテーンのブランドマネージャーは、P&Gの本場である米国組織のあらゆるアメリカ人マーケターにとっても取りたかったポストで、そこにJanglish？しか話せない、よくわからない日本人がポンと飛びこんできたのだから、波紋は大きかった。

ナイスに見える人々に囲まれて、鈍感な私は、最初は自分がやられていることに気がつかなかった。表面上はとにかくフレンドリー、これがアメリカ人の基本だ。偏っているかもしれない、しかし私の経験ではアメリカ人の方が日本人よりもよほど本音と建前を使い分けると感じる。確かに日本人はわかりにくいとは思うが、少なくとも同じベクトルの上で主張の強弱を相手によって変える程度だろう。しかし、私が苦労したアメリカ人の多くは、相手によってベクトルそのものをコロコロと変えることに躊躇がない。相手が違えば、平気で2時間前と真逆のことを言う！

また、日本人はフレンドにしかフレンドリーに振る舞わないので、アメリカ人がフレンドリーに近づいてきたとき、その人をフレンドだと思って接するとしばしばとても悲しい思いをする。アメリカ人にとってフレンドリーであることは、必ずしもフレンドを意味しない。フレンドリーに接することは社交上のデフォルトにすぎないのだ。「私は貴方を殺さないから安心して」というシグナルを交換しなければ安心できない不安が土台にあるのだと思う。

話を元に戻す。職場で何をされたのか？　大きな会議などで、多くのチャレンジングな質問や、こちらを試すような質問が、私に対してだけあからさまに多く飛んでくるのは、全く問題なかった。それは何でもないことだ。たとえ自分の部下たちまで私に質問の石を投げてくることが不自然だと指摘する人がいても、それが意図ある悪意だと私は決して解釈しなかっただろう。私の器を計っていた、当然のチャレンジだったのだと、思えなくはない。

むしろ困ったのは、最初の頃から会議招集や、会議サマリー、重要な情報が私にだけ回ってこない、このような状況がずっと続いていたことだ。情報のループから外されることに対しては、新しい私が組織のメールのグループ設定にまだ入ってないだけだろうと思って、愚かにも私は相手にその都度お願いしていた。しかし、それがなぜかずっと続く。時折、本当に大事な情報を私が知らないせいで対応できなくて信用を落とすことが起こった。周囲から情報を遮断されるのは非常に困難な状況に追い込まれる。疑いや疎外感は意識から外せばよいが、実害は困った。

また、ミーティングなどで、私が参加すると多くの人が異様に速いスピードで話し始めたり、私が知らないニューヨークのスラングを敢えて頻発したりする、そのようなことも続いていた。日本語を覚えたての外国人の前で、日本人たちが四字熟語ばかり駆使して話している滑稽《こっけい》な場面を想像すれば、私の困惑も想像してもらえるだろう。渡米当初の私はCNN放送が半分くらいしか理解できない程度の英語力だったので、自分の拙い耳の問題だろうと思っていた。

今考えるとこの愚かな日本人を哀れに思うが、意図的に早口で話している相手に対して、私は都度「Pardon me?」と会議を止めて、理解できない言葉や意図を1つ1つ、クソまじめに確認していたのだよ。結果に責任を負うためには、自分が理解しないことが進行することは決して許さないという、私なりの覚悟でブランドマネージャーをやっていたからだ。

おかげで私はMr.Pardonと呼ばれるようになった（笑）。後日、米国を去る私の送別会で同僚が言ってくれたのだけど、1つの会議で私が平気で何十回も会議を止めるものだから、しまいには向こうの方が疲れて、彼らの精神衛生のために「超速作戦」はやめようということになったらしい。鈍感も捨てたものではない！

Welcomeしてくれなくてもいい、しかし、せめて私に普通に仕事をさせてもらえないものか？　8月の渡米以来、そんな寒々としたオフィスでの毎日に向き合いながら、北海道と同じくらいの緯度に位置するシンシナティーの秋はどんどん寒くなっていく。そしてクリスマスが近づいたころ、私を深く凹ませる出来事が立て続けに起こった。

ある日、前日遅くに作った役員プレゼンのパワーポイントの表紙が、なんとPLAYBOYのセクシー画像と差し替えられていた。そのときに鈍感な私もさすがに明確な悪意を認識した。その資料は、朝に設定されたフォーマルな会議で女性役員にブランドの今後進むべき指針について、私が話すための大事なものだったのだ。最初の上司Uさんが仕込んでくれた「念のため直前にファイルを再確認する習慣」がなければ本当に危なかった！　想像するとゾッとする。

共有ファイルなので、チームの誰か、あるいは複数が関与していたのだろう。しかし誰がやったかわからない。ジョークだとか、私が間違ったファイルを持って行ったとか、連中にはさまざまな言い訳のオプションがある。さらに、これはチェスの戦術で言うところの「フォーク」になっていた。つまり、マネジメントの前で私が狼狽《ろうばい》することを狙い、しかも私が公に問題にすると私自身の組織掌握《しょうあく》力が問題として顕在化するという二重の罠になっていた。連中は頭が良い。

はっきりいって、そのときの私は、ドラクエで痛恨の一撃を喰らって画面が真っ赤になった状態だった。ショックだった。そして周囲から、私の次の反応を楽しみにする複数の強い視線をリアルタイムで頬に感じていた。「チェスなら得意、フォークを回避するならこの一手だ」。私は顔面神経を必死にコントロールして、何事も無かったかのようにファイルを修正し、その場を収めた。今でもあのときの、不自然に歪んでいたはずの自分のひどい顔は想像したくない……。

更に私にダメージを与える事件も起こった。当時の北米P&Gの最大顧客であったウォルマートでの商談に赴《おもむ》いた私は、自分が伝えたいビジネスを伸ばすための戦略を自分の精一杯の情熱と英語で伝えた。私としては強気で明確なプレゼンができたと思った。伝わった手ごたえも感じていた。君は覚えているだろうか。久々の上機嫌で、Coastal Seafoodsの上質なマグロを買って帰ったあの日のことだよ。

その翌日のことだった。私はセールス部門の大物から呼び出されて、怒気を爆発させた彼にこう面罵《めんば》されたのだ。「You are our liability!（お前はお荷物だ！）」と。

彼の罵倒は「お前の悪い評判は部下たちから聞いている」から始まった。「昨日は、今まで我々から聞いていた方針とは真逆の突拍子もない提案をいきなりぶつけられて、先方から大混乱していると強い苦情が来た！」「しかもお前のような下手な英語で、15分の持ち時間を大幅に超過しやがって、我々には他のアジェンダもあったのに大迷惑だ！」「お前のようなアメリカ文化への無理解や顧客への無配慮な奴は見たことがない。もうここで仕事をするな！」「頼むから次回から顧客との会議に出てくるな！　絶対に来るな！　中国でも日本でもどこでもいいから、早く帰れ！」……。彼の罵倒は次々に続いたけれど、私が一番凹んだのはやはりこの言葉だった。

「You mean nothing. You are our liability!」

この場面を思い出すと今でも血圧がすぐに上がる、忘れられない瞬間だ。自分が何の役にも立たない無価値な存在だと言われるのが、私にとっては最もダメージを受ける言葉である。なぜなら、私は多くの人と同様に、社会で自分以外の誰かの役に立つために生きている、もっと端的に言えば自分の周囲の人たちを勝たせるために生きているからだ。本当に自分が何の役にも立たないお荷物であるなら、私はむしろ死にたいとさえ思う。だからものすごく凹んだ。あまりのことに、まともに反論して言い返すことすらできなかった。そんな一歩も動けないゴールキーパーのようだった自分自身に対しても、落胆と、悲しさと、怒りと、疑問が、ぐちゃぐちゃになった何とも表現しがたい感情に囚われた。彼の部屋から退散した直後に、猛烈な下痢に見舞われたが、それが昨晩のマグロのせいではないことは明らかだった。

確かに、持ち時間は10分ほど超過してしまったし、私はアメリカ人のように英語は美しく話せない。でもそんなに言われないといけないほど悪いことをしたのか？　数度しか会ったことのない相手をよく理解もしないで、どうして一方的にあれほど罵倒して全否定することができるのか？　私のチームにいるセールスの人間が、以前から彼の耳に色々と吹き込んでいたのは明らかだった。理不尽だと思った。

しかし、私のプレゼンが誰にも文句を言われないレベルでなかったことも、リーダーとしてもう3か月も経つのに未だにチームの数十人程度の人心すら掌握できていないことも事実だった。総合的に、確かに私自身の力不足はある。そのことは自分が一番わかっているし、その現実が実は一番重い。だから相手を心の中で非難することで自分の気持ちを楽にする逃げ道もない。己の存在価値が、自信が、どんどん崩れていく……。

この翌日こそが、私のキャリアの明暗を分ける分岐点となった。追い込まれた私が、そのときに選択した行動、それこそが今の私に繋がっていると、あれから15年近く経った今も確信している。

その朝、私は会社に本当に行きたくなかった。行くのが怖かった。なぜならば、ただ会社に行って何事もなかったように済ませるのは許されないことがわかっていたからだ。私にとって取るべき正しいアクションはわかっていた。それはあのセールスの大物ともう一度勝負することだ。顧客との会議に出てくるなと言われて「はい、わかりました」で済ませるなら、私はブランドマネージャーとしての責任を果たせない。だから私は、朝一番で彼の部屋にもう一度乗り込み、勝負をしなければならない。頭ではわかっている。

しかし、あの鬼の形相だった向こうがどう反応してくるか、その後どんなチェイン・リアクション（連鎖反応）が組織全体に起こるか、それを考えると心の底から深く気が滅入った。戦意充実しているときならいざ知らず、渡米以来マイノリティーとして疎外されている職場で衰弱していた私には、それはかなり重いことだった。正直、もう逃げたい気持ちに溢れていた。

ここで戦いから逃げたらどうなるか？　一瞬だけはその方が楽だ。でも、もはや成果を出すために自分が起点となって人を動かすチャンスは二度となく、ただそこにいるだけの空気か幽霊のような存在になって、この本社組織において認められる結果を出す可能性は完全に詰むだろう。家族を日本から引きはがして海を渡って米国のグローバル本社まで来たのに、半年も持たずに討ち死にして、私はP&Gを辞めることになるのだ。

でも、きっと私はP&Gじゃなくても働ける、きっとどこかでそこそこの活躍はできるだろう、それでもいいのではないか？　北米のヘアケアで唯一の日本人というマイノリティー。不利な環境でここまでよく我慢した。こんなに酷い目に遭っているのだから、私のせいではないだろう。もういいのではないか？　そんな声がグルグル頭の中で回りだす。

しかし、最もまずいと思うことは、私が失敗してしまったら、もう日本人がグローバル本社に呼ばれるチャンスはなくなるだろうということだ。私は私だけではなく、送り出してくれたかつての上司たちや部下たちの想いや、P&Gジャパンの組織としての信用も背負っている。きっと連中は、P&Gジャパンを見くびるようになる。そして日本人そのものも見くびるようになるだろう。私の背中のその後ろには、日本の組織の部下たちや後輩たちの未来が延々と続いている。にもかかわらずここで逃げたら、ずっと「逃げた記憶」がつきまとう人生になる。

それは嫌だ！　今まで自分の中で大切にしてきた何かが壊れる気がした。二度と立ち上がれない気がした。

ギリギリまでベッドの上で毛布を被って悶々と考えていた私は、ついに意を決した。迷ったときは厳しい方を取れ！　人間の脳は楽な方が良く見えるように常にバイアスをかけている。だからハードな道が正解だ。どうせ倒れるとしても、せめて進むべき正しい方向を向いて前のめりに倒れてやる。そうだ、それが私らしい！　やってやる！　やってやるぞ！

完全に吹っ切れた私は、暗殺者のような目つきで、彼の部屋の前でじっと待ち構えていた。そして彼を見つけた瞬間に歩み寄った。奇襲に驚いて身構える彼に向かい、昨日の彼を上回るフロアに響き渡る音量で一気にかましてやったのだ！

「昨日は率直なフィードバックをありがとう！　私のプレゼンの悪いところは、必死に直して期待に沿うように全力を尽くすよ。しかし、何と言われても私は顧客との会議に行く。それが私のブランドマネージャーとしての使命だからだ。そして何よりも、あの戦略を実行すれば顧客も我々も売上を必ず大きく伸ばせる、この1点に関して、信念にかけて自信があるからだ。もし私が本当に邪魔なら、上と話して私の首をとってくれ。私はこの役割にいる限り、最後の1秒まで遠慮なく仕事をするから、そちらも遠慮はするな。私は必ず結果を出すぞ！」

彼はびっくりしていたが、私は数秒の呼吸をおいて踵《きびす》を返した。礼儀正しい日本人と思われていた私は、その直後から極めてクレイジーで危ない奴だと見られるようになった。

私はとにかく努力の焦点を絞った。プレゼンは、唯一友好的に接してくれたブラジル人二世の同僚に、15分間で構成したものをネイティブの発音で録音してもらい、それをひたすら聞いて発音とイントネーションを練習して、14分でデリバーできるように完璧に覚えた（実は今でも、この時の15分プレゼンは記憶している）。そのプレゼンを顧客行脚で臆せず堂々とやり続けた。ネイティブな発音で時折口ずさんでいる。しかし、その英語の努力は必要だが、実は本丸ではない。しょせん、英語では勝てないからだ。それまでに幾度も経験していたように、逆境では、自分の強みがハマるように勝ち筋を考えるしかない。だから、彼らの誰も思いつけない「戦略」で勝つ。思考力で日本人の爪痕を必ず刻んでみせる。私は必死だった。

この米国時代に私がどのように戦略を立てて結果を出し、周囲の私への評価と見方を一変させたか？　簡単に言えば配荷の質を改善する戦略だが、その戦略の具体的な内容は『確率思考の戦略論　USJでも実証された数学マーケティングの力』（KADOKAWA）のP54からのCase2で詳細に書いているので、興味があればその部分をぜひ読んで欲しい。**大切なことは自分の強みで戦うしかないことと、自分の強みを知っておくことの2つ。**結果を出す人間であることをわからせれば、勝ち馬に乗るメリットが明確になるので、人々は私についてくるようになる。彼らの自己保存の目的に適う存在にならなければならない。そのメカニズムは極めて冷淡で明確、それがプロの世界の法則と言えるだろう。

セールスの大物と衝突してからほどなく、シンシナティーに本格的な冬が訪れた。私は相変わらず、周囲からの理解や支援どころか、オフィスでは緊張感がありすぎる毎日に心を削られていた。君も知っている通り、とにかくシンシナティーの冬はもうほんとうに寒いのだ。中西部の事情で朝8時になっても外は真っ暗、ときおりドカ雪も降ればマイナス20度近い大寒波がくることもある。

そんな暗くて寒い冬の朝、毎朝だ。今だから恥を忍んで言うが、私は自分の部屋のベッドで頭から毛布を被り「行きたくない、行きたくない！」と一人で葛藤していた。それでも最後は心の中の1本の糸にすがりながらベッドから這い出し、鏡の前に立って、祖国の英霊を降ろすように鏡の中の自分に暗示をかけた。「必ず結果を出す、必ず結果は出せる！」と。

更に、私を追い込んだのは、仕事だけではない。小さな子供を3人も連れて海を渡ると、生活のベースを確立するのも大変だったのだ。自動車免許を夫婦で取らねばならない、学校や保育園の手続き、ホームドクターや歯医者の手続き、来ていきなり君の妹が大怪我をしたり、びっくりする数を射つことになる3人分の予防接種の段取りなど……。それらを、英語が苦手だった君の母親ではなく、自分の都合で日本から家族を連れてきた私がやるべきなのは当然だった。だが、主に平日の昼間に必要なそれら外部との折衝の1つ1つを、私がオフィスで直面していた厳しい状況と両立させるのは困難を極めた。

やるべきことをできずに落とすことが、仕事と家庭の両方にポツポツ起こった。リーダーとして信頼されずオフィスでの期待を果たせない毎日に加えて、家庭でのリーダーとしての期待も全く果たせていない毎日が重く圧し掛かる。どうしても自己評価が下がっていく……。とりわけ、4月に日本の小学校、9月に米国の小学校と、2回も入学式をすることになった君は、子供たちの中でも一番のストレスで大変だったと思う。君を放り込んだのは普通の現地校だったからだ。「お友達や先生の言葉もわからないのに、毎日ずっと座っている私の気持ちがわかる？」と泣きながら学校に行く君を見ると、切り裂かれるように心が痛んだ。

渡米以来そんな毎日を積み重ねて、秋を越えて冬になり、新年を迎えた頃のある朝、私は鮮やかな血尿が出ていることに驚いた。それからは仕事と家庭でのストレスに、結石によるナイフで刺されるようなあの激痛が新たに加わって三重苦になった。痛い痛い血尿の日々は、それから数か月ずっと続いた。その冬は当時の私の戦闘力に比して、正直もうギリギリだった。本当に追い込まれて人間が壊れるときは、仕事だけではなく、プライベートでも問題が同時に襲う場合が多い。どちらかだけなら何とかなることが多いが、公私両方の大問題にサンドイッチされた人間は極めて脆《もろ》い。

しかし、終わらない冬はないとはよく言ったものだ。私の戦略が狙い通り数字として驚くような結果で現れると、職場での問題は大きく改善されていった。結果を出すと、連中は手のひらを返したように速い。周囲が私を「勝ち馬」だと認めてついてきてくれるようになった。そうなれば、もっと人を動かすことで、もっと大きな結果を出すことができる。成功のガンマ分布を仕掛けることができる！　このときも私を救ったのは**自身の強みへの集中**だった。より正確に言うと、それは「自分の特徴を強みに変える文脈」を選んで、そこへ向かって泳ぐということだ。

家庭の方もうまく回りだす。優秀な君は、僅か3か月やそこらで英語に開眼し、もう春にはネイティブとしてベラベラに話すようになって友達もどんどん増えた。そのことがどれだけ私の心を救ってくれただろう。後で聞いた話だが、大きな環境変化に対して、人間は半年もあれば新しい環境に順応していく力があるという。新入社員や、転勤の異動や留学生だけでなく、刑務所に放り込まれた人にもこれは当てはまるという。確かに、どん底だった我が家にもおよそ6か月で春がゆっくりと訪れた。

余談だが、心の余裕が出てきた私は職場で少しだけ復讐をした。私のミドルネームは「Uesama」だという設定（日本人にミドルネームなどない！）にして、周囲に私を「ウエサマ」と呼ばせるようにした。部下や同僚、しまいには上司まで、意味も知らずに私を「上様、上様」と呼ぶようになった（笑）。MoriokaもTsuyoshiも彼らには発音しにくく、私はマリアーキとかチュヤーシとか呼ばれることにずっと辟易していたのだ。まあ、当初の彼らの所業を考えるとその程度のイタズラは赦されるべきだと思ったし、「上様」は少しだけ気持ちが良かった！

そして渡米から2年、なんとか結果を出し続けて認められ、アソシエイト・マーケティング・ディレクターに昇進した。家族も4番目を授かって6人に増えていた。一時はあれほど戻りたかった日本に帰ることが決まった私は、アメリカ暮らしを離れがたいものに感じた。さんざんな目に遭わされたはずの人々からも去りがたい心境だったから不思議なものだ。かのセールスの大物がくれたフェアウェル・メッセージが忘れられない。

「Uesama、最初の頃は君とは衝突してばかりだった。外からやってきていきなり、あれは違う、これも間違っている、こう変えよう、こうしなければならないと、それはもう毎日毎日……実にズケズケとモノを言う。日本人は礼儀正しくて謙虚と聞いていたのにこの男は一体なんだ？　ここのビジネスを何十年も知り尽くした我々を、まるでバカだと言わんばかりのその強い態度に、私は我慢ならなかった……。

しかしある日、私は驚いた。先週まで酷かった君の英語が突然、別人のように流暢《りゅうちょう》に変わったからだ。なぜか君はいつも〝プレゼンのときだけ〟ポルトガル語なまりの英語になるんだ。Xさん（テープを吹き込んでくれた友人）独特の口癖までそっくりにコピーしてね。私もこの仕事が長いが、君のガッツには驚いた。君が、どれだけ本気で、どれほど粘り強い奴なのか、そのときによくわかったよ。

君はダイレクトにモノを言いすぎる。前後の経緯や段取りなんて一切気にしない。でも、なぜだかもうわかっている。君は、誰よりもビジネスを伸ばすことにコミットしていて、そのことに誰よりも純粋で必死なだけだ。君は、誰も思いも及ばないことをあっという間に考えつくクセに、MITの教授のような軽妙さはこれっぽっちもない奴だ。猛牛だ！　あるのは、ガッツと、泥臭さだ。だから手ごわい！　そんな君だから、こんなエキサイティングな

結果を出すことができたんだ！　君がいなくなるとケンカする相手がいなくなって本当に寂しい。だからもう日本に帰るな。一旦帰っても、また戻ってこい！　今度は本当に大歓迎だ！」

今はフロリダで悠々自適な毎日を送る彼から、今年もUesama宛のクリスマスカードが届いた。お互いに実力を認めてはじめて友情も尊敬も通うようになる。

環境を大きく変えて自分を追い込む挑戦は、苦労が多いだけ自身を飛躍的に成長させる。パースペクティブ（本人が認識できる世界）を劇的に拡げることができるからだ。パースペクティブが拡がると、今の自分となりたい自分のギャップを明瞭に意識できるようになり、それがさまざまな能力の覚醒《かくせい》のスタートとなる。さまざまなことができるようになり、さまざまなことに動じなくなっていく。私の場合も、生き抜くための必要に迫られて危機を感知し、それまで眠っていた多くの遺伝子が次々と覚醒していくのを実感した。手に入れたのは、より広い世界であり、人間としての根本的な自信だ。別の言い方をすれば、それこそが「環境に適応する力」だろう。

強い人間は、環境に合わせて自分を変えるか、自分に合わせて環境を変えるか、そのどちらかができる。その力は本質的に誰もが備えているが、実は多くの人が眠らせたままだ。そして人生で避けられない逆境（家庭での問題、職場での人間関係、望まない異動や転職など）に遭遇《そうぐう》し、己の小さなキャパを問題が容易に超えていく中で、適応する前にすぐに潰れてしまう。

自分にとって安全でストレスの少ない道を選び続ける人は、運が良ければ幸せにはなれるだろうが、それでは決して強くはなれない。Comfort Zoneを出ない限りその力が覚醒しないからだ。１００の自分に対して常に１２０や１３０の負荷をかける挑戦を、君にも意識していて欲しいと願う。私もまだ知らない外の世界へパースペクティブを拡げる旅をどんどん加速させるつもりだ。きっと外の世界は、まだ知らない面白いことで満ちているはずだ！

第6章

自分の〝弱さ〟とどう向き合うのか？

「不安」と向き合うには？

私自身も経験したが、キャリアというものは、たとえ戦略を立てても計画通りに進むものではない。想定外はつきものだし、自分でコントロールできない選択肢が振られたり、自身の力が及ばず失敗したり、挫折したり、目的になかなか到達できないことはよくある。もともと高い目的を掲げていればその困難は当然だ。

それでも〝戦略あるキャリア〟の方が、〝戦略なきキャリア〟よりも遥かに高く飛べる。だが、先のことはわからないことの方が多いのが間違いない現実だ。かろうじてわかることは、常にその時点でアップデートされた君の目的と選択肢だけと言ってもよい。選んでサイコロを振ったその先は確率の神様に委ねることになる。

君はきっと〝不安〟だろう。でも、結論から言えば、君がこれから成長する限り、その不安はずっとなくならない。でも大丈夫だ。その不安には慣れることができるようになるから。そして不安と同居する君は、不安を燃料にしてどんどん強くなっていくだろう。はっきり言うと、不安なのは君が挑戦している証拠だ。

自己保存の本能の話を思い出して欲しい。チャレンジによって起こる変化が大きいほど不安は大きくなる。つまり、不安とは、本能を克服して挑戦している君の勇敢さが鳴らしている進軍ラッパのようなものだ。不安であればあるほど、君は勇敢なのだ！　もう1つ、不安は未来を予測する知性が高いほどより大きくなる。不安であればあるほど、君の知性が真摯に機能しているのだ！　挑戦する君の〝勇敢さ〟と〝知性〟が強ければ強いほど、よりくっきりと映し出される「影」こそが、実は〝不安〟の正体だと理解しよう。

だから、ビビっている君は素晴らしい！　実は、私もしょっちゅう、ビビっている（笑）。しかし私が「ビビっている」というと周囲が動揺するので、昔から別の表現を選ぶようになった。そういうときは「しびれるね〜！」という変な口癖がついてしまった。しびれているときは、それ相応のストレスをくらっているのだけれども、私の勇気と知性が健在なのだとしっかり意識するようにしている。もちろん不安やストレスそのものは痛いけれども、そういう挑戦をしている自分の行動の〝意味〟や〝価値〟が、しっかりと自分の軸を支えてくれるようになる。

だから、ビジネスの戦場でとんでもないことが起こっていても、そういうワチャワチャした不安定な状況を楽しめるようになり、しまいにはそんなときでも笑えるようになっていく……。それは「ドM気質だから不安を克服できる」ということではない。最悪なことになっても、それは最悪ではないことがしっかりと理解できているから乗り越えられるのだ。挑戦をする過程で得られる多くの貴重な経験価値が、天秤の反対側で重くぶら下がる〝不安〟とバランスを取ってくれるからだ。

つまりキャリアにおいては当座の目的達成の可否がすべてではないということだ。**最も大切なのは目的の方向に向かって絶えず成長し続けることである**。成長することで目的を達成する確率は上がり、諦めない限りいつかはその目的に到達できるだろう。〝挑戦しないから失敗もしない自分〟よりも、〝挑戦するから失敗してしまう自分〟の方が、圧倒的に強くなれるのだ。

全力でぶつかったなら、たとえ敗北して前のめりに倒れても、そこから立ち上がれば良いだけだ。そのときの自分は今よりもずっと強くなっているからきっと大丈夫。実際に大きな失敗をしたおかげで得られた学びや人脈のおかげで、それ以前には想像もできなかった新しい世界が見えるようになることは非常に多い。私のフィジークもそうだった。成功しても失敗しても、今よりも成長できる限りにおいては、実は何も大きな損はない。そのことを知っていれば、不安に直面しても君もきっと笑えるようになる。

冷静に考えてみてほしい。それを知ってしまうと、不安やリスクって一体なんなの？　という話だろう。会社や組織が君にできる最悪のことって何かな？　社会人になってどこかの会社に入って、前向きに挑戦して、たとえ何か大きな失敗をしたとしても、誰も君の命まで取りに来ないだろう。「明日から会社に来なくて良い、君はクビだ！」くらいだろう。それがどうしてそんなに怖いのか？

実際にクビになったほとんどの人の人生が、それでもちゃんと続いていくことも知っているだろう？　クビになったら新しい居場所を見つければいい、ただそれだけだ。生きる意志さえあれば間違いなく生きていけるし、むしろそれをきっかけにしてもっと良い活躍の場が見つかるかもしれない。何をそんなに恐れているのだろう？　この広い世界で、生きていく方法も、自分の特徴を必要とする場も、実はいくらでもあるはずだ。君自身で何か商売を始めることだって自由だし、本気で考えればいくらでも切り口は考えつくはずだ。それなのに今の職を失うのがそんなに怖いのはなぜか？

その恐怖心の半分以上は、自己保存の本能が映し出しているフィクションに過ぎない。この山を離れたら餓死するぞ！　と脳が君に見せている幻覚なのだ。君の理性がクビになることを自体を恐れているのではなく、脳が本能レベルで変化によって起こるストレスを避けるために君をビビらせているだけだ。そうやって脳に騙され続けて、多くの人が〝変化〟をできるだけ避けてきた。だから、変化がいつまでも怖いのだ。そんな〝痛がり屋さん〟ばかりがどんどん増えて日本はおかしくなっていっている。

〝痛がり屋さん〟は、目の前の変化に対応するだけの耐性をそれまでの人生で十分に積めてこなかったのだ。挑戦せずに、変化から逃げる選択ばかりしてきた。挑戦しないから、成長しない。挑戦しないから、相対的にどんどん弱くなる。今住んでいる山にますます依存し続け、山にいることを許されるために誰かの〝奴隷〟になることが避けられない人生を過ごす。いつまでも小さな異変にさえ恐怖を感じてしまう、臆病な羊か、チキンのような人生を送ることになる。選ばなかったことによって、そんな人生を受動的に選んでしまっている！

その先にあるのは、もっとタチの悪い〝不安〟じゃないのか？　むしろ挑戦しない人生にこそより悪性の不安はつきもので、それは自信のない人に特有の〝永遠に拭えない不安〟だ。よく考えて欲しい。君はそんな人生を歩きたいのだろうか？　そんな人生を歩くために君は生まれてきたのだろうか？

否！　どちらの道にも不安があるなら、挑戦する〝不安〟の方を選択するべきだ。挑戦する〝不安〟は善良だと認識することで、そのストレスにも慣れるし、友達にさえなることができる。挑戦する〝不安〟は、君の未来への投資なのだ。そのストレスから逃げるということは、つまり失敗するようなリスクを取らないということは、何にも挑戦しないことを選んでいることになる。そして後々、〝永遠に拭えない不安〟というもっと悪質な闇に取り込まれることになるだろう。

真剣に考えて欲しい。「何も失敗しなかった人生……」。死ぬ寸前に自分がそう呟いて天寿を全うする場面を想像して欲しい。それで本当に悔いなくあの世に逝けるのか？　何も失敗しなかったことは、何も挑戦しなかったに等しい。それはかけがえのない一生において、何もしようとしなかったということ。それは臆病者の人生の無駄遣いそのものだろう！　**失敗しない人生そのものが、最悪の大失敗ではないのか？**　大丈夫だ、人は何をしていても、何もしなくても、どうせいつかは死ぬ。どうせ死ぬのだから、何かに挑戦することを怖がる必要なんてない。むしろ許された時間の中で、やりたいことをやらないと大損だろうに……。

だから、不安に逆毛立ってビビるような挑戦に立ち向かっている君は素晴らしいのだ！　痛いのも不安なのも、生きている証拠だ。そんなとき、君はその瞬間を〝生きている〟のだ。物理的に生きていても、実際は生きているか死んでいるかわからないような人が山ほどいる中で、君は勇敢にも安全なテリトリーを踏み出して、命を燃やしながら何かに挑戦しようとしているということだ！　その道を自ら選べたなら、自信を持っていい。君の勇気と知性は共に健在なのだから。

心の中の〝不安〟に住民権を与えて、〝不安〟の居場所を認めてあげよう。「挑戦している証拠だ！」と喜ぼう。不安でいいのだから。そうやって適度な不安と常に共存する人生、それが成長し続ける人生であり、君が他の誰でもない立派な君になるための人生だ。君が君を磨き続ける限りにおいて、〝不安〟が一生消えることはない。しかし不安に慣れることはできるし、すぐに少々のことでは不安に感じなくなっていく。成長に伴って、能力が身につき、自信がついていくから、昔は不安だったことが全く問題にすら感じなくなる。

そうやって磨かれて強くなっていく君は、少々のことでは〝挑戦〟の度合がもの足らなくなるだろう。もっと強烈な挑戦、その時点で君がそれなりの〝不安〟を感じる挑戦を選び、もっと大きく強い自分になることを目指すようになる。このサイクルを続ける限りにおいて、君は成長し続けるだろう。しかし、自分が不安を感じない気持ちの良い環境に居続けると成長はピタリと止まる。果たしてこのサイクルをどこまで続けるのか？　どこまで成長することを選ぶのか、これは君の目的次第だ。人それぞれの価値観で選べばいい。

今のところ、私は死ぬその瞬間までそのサイクルを回していたいと思っている。その考えが、一生本当に続くのかどうかはわからない。私は46歳になった。挑戦を求めてP&Gに飛び込み、更なる挑戦を求めてUSJに飛び込み、もっと大きな挑戦を求めて起業という道に飛び込んだ。そのサイクルを絶え間なく回してきたから今の私があるのは間違いない。

しかし、この先には私がまだ知らないステージにおける人生の境地もあるだろう。今は人生で一番健康だが、あと数十年も経てば体力や気力も変化してくるだろう。この先のことはわからない。ただし、もっとずっと高齢になっても、そのサイクルを回し続けている実例を私は幾人も知っている。私が出会ったその人たちは、プロとして問答無用にカッコいいのだ。

たとえば、USJで出会ったグレン・ガンペルだ。彼はUSJを退任する67歳まで、バリバリに強烈なチャレンジを続けていた。家族を米国に残し、単身赴任で12年間を大阪のUSJでの挑戦に捧げた。困難な状況で、誰よりもビジネスに執着し、勝ちにこだわり、考え抜いて考え抜く思考力のキレを彼は輝かせていた。そして見事に彼は自身の挑戦を成功させたのだ。私は今から20年も経って、果たしてあのときのグレンほどの強い執念をギラギラ燃やせているだろうか。そうありたいと思うし、負けたくないとも思うが、正直なところ自信はない。そう思わせられるほど彼の挑戦心は凄かった。

半世紀にもわたって自分を磨き続けてきた〝達人〟の凄まじい輝きを私は確かに何度も見た。グレンだけでなく、挑戦し続ける人生のカッコよさを体現する大人を、私は何人も知る幸運に恵まれている。年を取ることは失うことばかりではなく、それなりに充実して生きていくことも、激しく社会の役に立つこともできるのだと、背中で教えてくれた人たちだ。私も君たちにそんな背中を見せられる大人になりたいと思っている。

人生100年時代といわれるこれからの世界で生きていく君たちにとって、長い人生をどうすれば生きがいをもって、充実して生きていくことができるのだろうか？　挑戦しないクセがつくと、きっと長い人生は退屈になるのではなかろうか？　だから不安と向き合って共存する道を私は勧める。早いに越したことはないが、いつ始めてもその時点からの人生を輝かせられることを考えると、遅すぎることはないはずだ。

不安を抱いて初めて人は成長する、大人になっていく、パースペクティブは拡がっていく。不安な君は、自分の世界への旅を、すでに自分の脚で立ってスタートしているのだ。そこで見え始めた君の景色こそが、君の世界だ。Welcome to your world!と言ってあげたい。

「弱点」と向き合うには？

これから始まる長いキャリアの旅の中で、君はきっと自分の〝弱点〟を克服する必要に迫られるだろう。君自身の自覚に促されることもあるだろうが、むしろ社会が君の特徴に関係なくさまざまな期待をかけてくるのだ。会社も上司も、君の弱点ばかり指摘して、それを改善することばかりを要求してくるだろう。

すでに論じたように、会社が給料を払っている対象は、君の強みに対してであり、君が弱みを克服する努力ではない。年収を上げたいなら強みを伸ばさなくてはならない。したがって、弱点改善を要求されたときに君は、上司から言われることを素直に「はい」と受け入れつつも、どこまで真剣にその克服にリソースを使うか冷静に判断しなければならない。表面上はどう取り繕《つくろ》っても良いが、君の本質は常にキャリア戦略に忠実な行動を取らねばならない。

その判断をどうするか？　まず、要求され、期待されている行動が、以下の3つのどのパターンに当てはまるかを考えるべきだ。①君の強みの特徴と相反する場合、②君の強みの特徴をより強化する場合、③わからない場合。

早々にギブアップして良いのは①の場合のみだ。自分の強みを殺すような矛盾した要求は決して心の中で受け入れてはならない。それができるようになることは、上司や会社にとっては都合が良いのだろうが、君にとっては甚だしく都合が悪いからだ。ナスビである君をトマトにしようとする要求は、君が望まない限りは受け入れる必要はない。少なくともそれを決めるのは会社ではなく君自身なのだから、「はい、努力します！」と明るく言いながら、君の本心は強みを活かして問題を解決する方法に集中すべきだ。それで存在を認めてもらえないならば、認められる環境を探して泳いでいけば良い。

②の場合は、真剣に改善に取り組むべき課題だ。分析力で生きていくことを志すTの人であるマーケターが、得意な量的調査の計数分析だけでなく、質的調査を活かしてより多角的な判断力を備えるべきという指摘を受けた場合は、しっかりと取り組んで改善するように努力すべきだ。得意になるかどうかは、やってみないとわからない。やってみても、自身の特徴の限界が見えて、やはりものにできないと悩むこともあるだろう。しかし、少なくともやってみることで、自分の特徴がよりよくわかるようになるメリットをしっかりと覚えてお

いて欲しい。

したがって③の場合も含めて、食べず嫌いはいけないということだ。わからないなら、上司が要求することをまずは素直にやってみて、成果を上げるように積極的に取り組んでみれば良い。やってみることで、自分の中にある〝好きな動詞〟が新たに増えるかもしれない。そうなったら上司に感謝しなくてはならない。

また一方で、やってみて試行錯誤したとしても、やはりできない苦手な領域が増えるという結果も十分あり得る。そのときに、〝できない〟理由が、努力が足らない／やり方が悪いせいなのか、それとも自分の特徴として明らかに向いていないのか、冷静に見極めないといけない。正しい判断のためには、真剣に取り組まねばならないし、それなりの期間の努力を継続しなければならない。

そんな中で、自分ができない本質的な理由が、自分の持って生まれた特徴のせいならば、その領域は①に属するので捨てる領域だ。そうではなく、〝My Brandの設計図に則って要求される領域の習得が重要ならば、着実に努力を継続していくべきだろう。

人が弱点を克服できるのも、すべきなのも、その人の強みとなる特徴の周辺領域だけだ。それ以外に費やす努力は、リターンをほとんど生まないと私は考えている。だから、自分が強めたい能力をもっと強くするために弱点を克服していく、それ以外はキッパリと諦めるのだ。そう、諦める。自身でその領域をマスターすることから、戦略的に撤退するのだ。やらないことを選ぶことを意識しない人は多いが、それは極めて重要だ。他人に言われるままに自分を変えようとしていたら、時間も気力もいくらあっても足らない。そればかりか、他人にとって都合の良い人間にしかなれないのだから。

しかし、その領域が、自身が成し遂げたい仕事や事業のためにクリティカルに重要な場合がある。社会人生活とは、そんなことだらけだ。凸凹の激しい私にとっては日常茶飯事である。したがって、究極の〝弱点〟との向き合い方が必要になる。君も、**人の力を活用することで問題を解決する術**を身につけなくてはならない。それがL属性の人が得意な、人を活かすリーダーシップだ。

趣味の世界ならいざしらず、プロの世界においては、目的達成に必要な主な能力のすべてを自分一人で賄《まかな》うのはそもそも無理である。それを目指すとすべてにおいて中途半端なスキルしか持てない自分になるからだ。どこかに突出したプロである自分ならば、必ず苦手な領域がいくつも出てくる。したがって、自分の苦手領域をカバーできる他者の力を借りることは、極めて重要な戦略的手段となる。

常日頃から自分と凹凸が噛み合うプロを探して、自分の周囲で大切にすることを心がけよう。そして自分の凸を周囲の人たちの目的のために役立たせることにも励まなくてはならない。そうやって、ある目的の下に君の力は1つのチームとして組み込まれ、そのチームはそれぞれの強みを組み合わせて死角を減らし、まるで完全生物に近づくように目的達成のための能力を次々に備えていく。それが〝組織力〟だ。

自分の強みの裏側にある弱みを自分で克服する努力などは無駄の極みである。そんな暇があれば、そこに強みを持つ人を探し出して、辞を低くして力を借りればよい。たいていの場合、君の凹に対して強みを持つ相手の特徴は、君の凸を喜んでくれる場合が多い。なぜなら、その相手は君とは真逆の特性を持っている可能性が高いからだ。君が自分の弱点を自覚し、人の力を借りようとするとき、その人の価値を輝かせる〝場〟を創り出すことができる。人を輝かせるとき、君は同時に輝いているのだ。

したがって、君はこれから自分だけではなく、自分の周辺にいる上司や同僚、先輩後輩、部下、一人一人の「人としての特徴」を診なければならない。今のスキルだけを診るのは良くない。まだ磨かれていない特徴も含めて、その人が根源的に持っている〝仏の部分〟を見極めねばならないのだ。社会人になって、その重要さを意識して周囲と接していると、その人の〝好きな動詞〟がよくわかるようになっていく。そういう眼を養うことができたら、強力なLの人になっていく可能性を開花させたということだ。

人の特徴をよく理解して、特に大事にしなければならないのは、自分と似た人間ではない。人は無意識に自分と似た人間を過剰に評価する傾向がある。それは自己保存の脳が、自分自身を認めて肯定したいバイアスを常にかけているからだ。むしろ、自分とは違うタイプの特徴を持つ人を意識して探して、その価値を認めて、その価値が炸裂する場で輝かせて、それらの人を敬意をもって大切に扱わなくてはならない。かつてのグレンが私をそう扱ってくれたように、人間は深いところで自分の値打ちをわかってくれる人のために本気で力を発揮するものだからだ。

ヴァイオリンばかりが50台あるよりも、さまざまな音色が出せる楽器が組み合わされたオーケストラの方が、表現できる楽曲は多いだろう。それが〝ダイバーシティー（多様性）〟の本当の価値だ。君がいつか大きなことを成し遂げたいのであれば、自分の周囲にさまざまな音色（思考の多様性）を求めなさい。リーダーの仕事とは、みんなが弾きたくなるような楽曲を持ってきて、完成形のイメージを明確に示し、それぞれの個性ある音色を引き出して、それらを組み合わせて音楽をつくっていくことだ。うまく行ったならば、指揮棒を振る君の後ろにはいつしか多くの観客がいて、君たちの演奏に感動していることだろう。

私がＵＳＪを立て直すことができたのも、私が今「刀」で大きな成果を上げることができているのも、私と異なる特徴を持つ仲間たちのおかげだ。

「刀」の旗揚げに際しては、手足の指すべてでも足らないほどの数の凄い人たちが集まってくれた。それぞれの道において一騎当千の第一人者たちばかりが、同じ目的を追う旅を一緒にしてくれている。こんなどうなるかもわからない小さなベンチャーの旗揚げにである！　私は能力の凹凸が激しいのに、大金持ちでもないのに、安定を捨てて一緒に挑戦するリスクを取ってくれた一人一人を本当にありがたく思っている。

当初の売上が1円も立たず苦しかった時期を経て、3年目に入っても、まだ一人も離脱せずに士気はますます高い。現在では、私の船に乗って旅をしてくれる仲間たちはもう30名ほどになっており、彼らの力を結集して死角を消し、「刀」として顕著なビジネス結果をいくつも挙げることができている。彼らこそがプロとしての私が最も大切にしなければならない存在なのだ。私にとっての〝弱点〟との究極の向き合い方とは、そういうことだ。

かつて、交友関係に悩む君に言ったことを覚えているだろうか？「君にはいつか必ず仲間ができるのだから、広く薄く錯覚で繋がる〝友達なんて要らない〟のだよ」と私は言った。友達がいないとか、できないとか、うまくいかないとか、そんなことに悩まなくても良いのだ。もちろん、利害を超越した親しい友人は大切にした方がよい。しかし、そういう友人ができないからといって気に病む必要は一切ない。私は本気でそう思っている。

結局、すべての人は、己が主人公の人生をそれぞれ生きている。そうあるべきだからだ。一生懸命お互いに気を遣って〝友達ごっこ〟をしても、そもそも目的が違うのに利害を調整するなんて最初から〝無理ゲー〟なのだ。無理に合わせていても、目的がバラバラなのだから、ストレスが溜まる割には時間も空間も僅かしか共有できない。友達とは、長く続くキャリアや人生の旅を共有できないのだ。

そんなことに気を煩わせる暇があるならば、むしろ早く君は自分のやりたいことを探して、それに夢中になれ！　君は君らしく真っすぐに旗を立てて、それに没頭して邁進していれば良いのだ。**友達はいなくてもいい。目的を追求するなら、君にもいつかきっと、手を取り合って同じ目的を追う本当の〝仲間〟ができるだろう。**それが己の弱点との究極の向き合い方だと私は考えている。

行動を変えたいときのコツ

自分の行動を変えようと思ったときに、ちゃんと変わるためのコツを伝えておく。『USJを劇的に変えた、たった1つの考え方』にも以前詳しく書いたが、大事なことなのでもう一度頭に入れ直しておいて損はない。人は変わろうと思ってもなかなか変われない。なぜか？　それは、**変わろうと覚悟したときの意識変化と、実際の行動変化までの〝タイムラグ〟に耐えられないから**である。どういうことかかいつまんで説明しておく。

自分の行動を変えよう！　と決心したとする。その瞬間に意識（マインドセット）はもう変わっている。しかし、**実際に行動が変わるかどうかは、神経回路と連動する筋肉の動きという物理的な問題**なのだ。それまでの行動パターンを脳細胞と神経回路が覚え込んでしまっている。無意識に動くと行動はあるパターンどおりに動くのがデフォルトになっているのだ。それを変化させるのだから、何度も何度も時間をかけて新しい神経回路と筋肉の連動パターンがメジャーになるように、コツコツと〝身体〟に覚えさせなくてはいけない。

つまり**行動変化には時間がかかる**のだ。意識が変化して、自分はもう変わった！　と思っても、実際の行動がすぐに伴わないのは当たり前なのである。だから現実には、意識変化したと思った直後に、元の行動を何度も繰り返してしまう自分がいる。上司からはこう言われる。「前にも言ったよね？　同じことを二度も言わせないで！」と。配偶者からはこう言われる。「あなたって、本当に口だけで、何も変えてくれないのね」と。そして自分でもこう感じている。「自分って本当にダメな人間だ」と。だから人間はなかなか変われない。

意識変化→行動変化のタイムラグに耐えられず、周囲からガッカリされ、自分自身にガッカリしてしまい、行動を変える努力を継続することができない。つまり物理的な矯正トレーニングを継続することができなくなるのだ。したがって、その人の行動は変わるはずがない。

変わりたいときに、うまく変われるコツとは何か？　それは、**最初からすぐに変われないことを覚悟して、時間がかかることを織り込んで、変わる努力を継続すること**だ。周囲にも自分にも正しく期待値をセットするということ。1つ私の例を挙げてみよう。

私は、君の母親からの度重なる強い要請を受け入れて、それまで男子のプライドとして立って行っていたトイレでの小用を、座って行うべく〝行動変化〟することにコミットした。

第 **6** 章　自分の"弱さ"とどう向き合うのか？

本当の話だ。先日、飛行機が遅れた際に時間ができたので、立ってする場合と、座ってする場合の、位置エネルギーの違いによって飛沫がランダムの確率でバラつく差が、どれだけ拡散範囲の違いを生みだすかを計算してみた。比較してみると、君の母親の主張は科学的に極めてフェアであると納得できたのだ。「こいつはひどい！　これからは座ってしよう」と素直に思った。

では、行動を変えると決心したらどうするか？　今までの46年間にわたって身体に染み込んだ習慣（神経回路と筋肉の連動）を甘く見てはいけない。トイレにかけこんで無意識に立ったまましてしまうことは容易に想像できる。そう、敵は"尿意のアクセラレーション"だ！　しかしすぐに変われる訳がないことを私は知っている。したがって、立ってしてしまっても私は自分に不必要にガッカリしない。

まずは5回に1回（1日におよそ1回）座ってできたら自分の努力を認めるようにする。そうすると5回に2回くらいはできるようになっていく。そうするともっと自分の努力を「さすが、俺！　もはやオス犬を超えたな……」と認めるようにする。便座を開けたときの蓋（ふた）の裏面に「座ってしよう」などの張り紙をしておくことを思いつくと「さすが、俺！　よっ霊長類！」と更に認めてやるべきだ。その一手は、**意識変化を継続する"システム"**として

287

極めて秀逸だからだ。

そうすると3回できるようになり、あれから3か月経って、ほぼ4〜5回座ってできるようになっている。これを常に意識して継続していくと、いずれ無意識に座ってする新たな神経回路と筋肉の連動パターンのデフォルトを獲得することができるだろう。そうやって、自分の**目的に好ましい行動を取れる確率を少しずつ上げていく**のだ。意識変化を行動変化にうまく繋げるには、そのようにタイムラグに備えて取り組むということだ。

実際のビジネスでは、上司や周囲がそのような温かい目で見守ってくれることは極めて稀だ。意識変化と行動変化のタイムラグと戦うのは自分だけの場合が多い。周囲からは遠慮なくガッカリされるから覚悟しよう。それでも意識変化と努力を継続することをやめてはならない。その行動変化が君にとって重要ならば君自身は絶対にあきらめてはならない。何度も同じ失敗をしても、あきらめずに上書きし続けることによって、君は新たな行動パターンを獲得できるだろう。

そして君がいつか部下を持ったときに、「変わろう!」というプレッシャーを部下にかけるときに、このことを思い出して欲しい。部下本人だけで努力するよりも、もし君がその部下の行動変化の5分の1の成功を認めてあげることができたなら、即座にその変化を褒めることができたなら、部下は加速度的に変わりたい方向へ変わっていくことだろう（自分の子供もそうだと思う……）。自分自身の成長も楽しいが、自分が関わることで周囲の大切な人々がどう変わっていくか、その変化の起点になるほど喜びを感じることは少ないと私は思う。

人はなかなか変われない、しかし、特徴に沿っているならば、やり方次第で変わることはできる。ナスビをキュウリに変えることは不可能だが、ナスビをもっと立派なナスビにするための行動変化は極めて重要だ。自分自身に対しても、育成に責任を持つ相手に対しても、仲間に対しても、〝気づき〟と〝サポート〟がきっと必要になるだろう。

なかなか子離れできない私の代わりに、君は着実に親離れしようとしてくれている。したがって、この就活のタイミングを1つの区切りとして、この大量の書きための最後に、君にちゃんと伝えておきたいことがある。私の濁《にご》りのないポジティブな意図を信じて最後まで読んでほしい。

未来の君へ

君が生まれた20世紀末、日本はどん底だった。バブルがとっくに崩壊してからも社会を成長させる変革は進まず、景気の先行きは全く見えず、関西では大地震の凶大な爪痕がまだ生々しく、世紀末の世界滅亡の予言感までが漂う、まさにどん底だった。それから20年以上経ってもまだ彷徨っている今の日本と比べても、当時の人々は格段にひどい不景気の深い闇に囚われていた。

私自身もキャリアのどん底だった。社会人デビューして電話が取れなくなるほど精神的にも追い詰められて、それでも必死に自分なりのやり方で活路を模索して悪戦苦闘していた。

そんな頃だった。私のところに、君が生まれてきてくれたのだ。君たち世代は、そんなどん底の日本に生まれてきてくれた〝光〟だったのだよ。

小さかった君と初めて会えたとき、生まれたばかりなのに君は、大きな目をしっかりと見開いた力強い眼差しで、新しい世界の1つ1つの具合を確かめるように、ゆっくりとジーッと部屋中を見回していたのだよ。親バカとは恐ろしいもので、その瞬間に私が心の中で思ったことを、一言一句違わずに君の母親が先に口に出した。「この子、すっごく賢そう！」と(笑)。

世界を睥睨《へいげい》している君を、私はおそるおそる初めて抱きかかえた。なんて小さい！　なんてかわいいのだろう！　君は私の左手の薬指を不意にギュッと掴んだ。そのときダイレクトに伝わってきた温かさは、なんて儚くて、なんて確かな存在感だったろう！　君の小さな手のひらと米粒のような指先が掴んでいたのは、指1本ではなく、私という存在のすべてだった。

あれはそれまで眠っていたDNAのプログラムなのだろうか？　私の中で何かのスイッチが確かに入った。言葉にするなら、この子のために死に物狂いで頑張らねば……という覚悟の芽生えなのだが、その衝撃はそんなレベルではなかった。もう人でも熊でも何でも一撃で倒せるし、空も飛べるし、世界も征服できる！　という〝全能感〟が突然やってきた。根拠は何もない、しかし「なんでもできるぞ！」という〝確信〟が、突如として心のド真ん中にドーンと現れた！　病院から出た直後に見上げたどこまでも高かった空の青さが、今も忘れられない。

小さな君は絶大な力を私にくれた！　生きていく意味をくれたと言ってもいい。社会人デビューしてから挫折を繰り返し、試行錯誤の中で行き詰まって折れかかっていた私の心を、どれだけ君が奮い立たせてくれただろう。その日からヤル気が尽きることなく、爆発する火山のようにドッカーン！　ドッカーン！　と湧き上がってきた。おかげで怠け者だった私が、弱い気持ちに負けずに、あるべき行動へ自分を縛りつけることができるようになった。

それまでは多くの人と同じようにやっていれば「もういいかな」と思って家に帰っていた。しかし、そんなクオリティーでは自分の仕事に全く満足できなくなった。自分ならではの付加価値を出すことにこだわり、そのために粘ることが当たり前の習慣になっていった。どんどんさまざまなことにチャレンジする積極性が増していった。球際の当たりにも強くなった。早く、もっと、〝できる男〟にならねばならなかった。だって私は、君の父親になったのだから！

少々仕事で凹まされても、とことん疲れても、そんなのは大した問題じゃなくなった。だって、家に帰れば小さな君が待っていてくれて、泣いたり笑ったりしてくれるのだから！週末には君にかわいいヒヨコのマントを着せて、私の右肩に君をちょこんと座らせて公園に行けばもう完璧だった。君との時間があれば、その1週間のすべては報われるのだから！小さな君の誕生は、私にとっては文字通りの「天使の降臨」だったのだ……。

その後、一緒にいた二十数年間で、私はさまざまな期待を君にかけてきた。成長していく君にさまざまなことを教えようとした。この世界の面白さや美しさを、大切な君にはできるだけ知って欲しかったのだ。君にとっては面白かったことだけではなく、迷惑だったことも多々あっただろう。中には君の人生の可能性を拡げるどころか、私の価値観の押しつけで終わったこともあったはずだ。この大量の書きためも、子離れできないバカ親のまさに典型的な所業だと思う。

君が生まれたあの日から、もう20年以上が経った！　信じられない早さだ。小さかった君が、ついに社会に飛び立とうとしている。どうか進むべき道は、君自身の欲に正直にしたがって選んでほしい！　君の世界を決められるのは、君しかいないからだ！　たくさんある正解の中からどれでも好きな道を1つ選んで、ひたすら前に進めばよい。

後ろは一切振り向かなくていい。君自身の人生を充実させるために何が必要か、それだけを考えながら前に進めば良いのだ。もう親の期待とか、親孝行とか、そんなことも一切考えるな！　小さな手で思い切り薬指を握ってくれたあの瞬間に、君の一生分の親孝行はもう十分に済んでいるのだから。君たちが生まれる前に、どうやって生きていたのかが思い出せないくらい、私は幸せだった。君たちが生まれてきてくれたおかげで、二十数年もの時間を共有してくれたおかげで、この世界の誰よりも私は楽しくて幸せだったのだから。

私は君という人間の可能性を信じている。だから不安はない。私自身の今までの経験から総合的に判断すると、君が持って生まれたものを活かそうとする限り必ず道が拓かれていくこと、そして君の力が他の誰かのために大いに役立つ未来を、私は信じて疑わない。その点において私の中に不安は微塵もない。君はきっと大丈夫だ！

君は、小学校の入学式を日本とアメリカの両方で経験している。4月に入学したばかりなのにやっと仲良くなった友達から1学期が終わった途端に引きはがされ、君はアメリカの現地校に9月の入学式からいきなり放り込まれた。異文化どころか、全く言葉すらわからない中で、それでも毎日学校に通って、数か月の体当たりで英語を覚え、半年で新しい環境に適応した。その数年後には、今度はやっと慣れたアメリカ生活や仲良しだった友人たちからも引きはがされ、帰国子女として戻った日本でややこしい事情に適応するための苦労も経験しただろう。それらの大きな環境変化を2回も経験していること、適応するまでの大きなストレスを実体験していること、それが君の貴重な財産だ。だから君はきっと大丈夫だ！

他にもいろんなことがあっただろう？　成功体験だけではないはずだ。数々の失敗も、辛いことも、思い出したくないことも、後悔も、いろいろあっただろう。君だけではない、20年間も生きてきたら、人はさまざまなことを経験している。辛いことや、苦労や、挫折感や、そういうことを多く経験している方が、ストレスに対しての免疫ができている。今までの1つ1つの苦労や失敗こそが貴重な財産なのだ。そして、これから君が経験する苦労や失敗も全く同じことだ。むしろ苦労や失敗こそが、自分を磨くための最高の砥石になる。だから挑戦することを恐れるな！　君はきっと大丈夫だ！

君は、これから主人公である君の世界を自由に描き、好きな道を選んで、失敗したらそこからまた選んで、人生をとことん楽しめばよいだけだ！　悩みながら、失敗しながら、それでも自分なりに答えを出して前に進めば良い。本当にしんどくなったら、しっかり休んで、それからまたゆっくりと立ち上がれば良い。大丈夫だ！　挑戦する限り、君はきっと何者かになれる。だから、心の奥底で自分を信じる〝種火〟だけはいつまでも大切に歩んでいって欲しい。

君自身にとって、君の人生が輝くこと、私はただそれだけを願っている。

未来の君に1つだけ伝言がある。君はどんな世界を旅するのだろう？　私の知的好奇心が疼《うず》くのだ。

いつの日か、君のパースペクティブをじっくりと聴かせて欲しい。ここで伝えた私のパースペクティブを、君なりの修正を加えてアップデートして欲しいのだ。そのときまでに私は猟師としての腕をもう少し上げておくから、旨い猪肉を肴にして一緒に呑もう……。

自立する君はこれから一人のプロになる。私も一人のプロで、私の旅もまだまだ続くだろう。これからもずっと親子だが、これからはプロとして対等ということだ。いつの日か、お互いにプロとして向き合って、君が冒険した世界の話を聴かせてもらえる日が来ることを、私は何よりも楽しみにしている。

この書きためは相当な量になった。ずいぶんたくさん書いてしまったが、最初から君に最も伝えたかったのは、この言葉だ。

「生まれてきてくれてありがとう！」

父より

おわりに
あなたはもっと高く飛べる！

キャリアというのは、何十年も走り続けるマラソンのようなものだ。就活はそのほんの1歩目のスタートに過ぎない。したがって、子の成功を願う父親が子に伝えるべき内容の中心は、むしろ社会人として長いキャリアをどうやって成功させていくのかという本質的な原則に集中することになった。

4人の子供たち一人一人が、自分の目指す方角を見つけて社会人デビューしたとして、その先どうやって飛び続けるのか？　順風満帆からは程遠い現実の中で、凹んでも転んでも、それでも幸せになるためにはどうしたら良いのか？　それらのことを必死に考えた本書の中身は、父親としての私の葛藤と渇望に満ちている。

子離れできないバカ親が、今まで子供たちの未来のために書きためたプライベートな長編原稿がこれ以外にもいくつかある。今回そのうちの1つをはじめて世に出すことにしたのは、キャリアを活性化する人が現れて日本の未来が少しでも明るくなることを願ってのことだ。

出した以上は、本書がキャリアや人生について思い悩む人にとって何らかの気づきや刺激となり、結果として少しでも誰かのお役に立てることを祈るばかりだ。

私の話は、『アリとキリギリス』の〝アリ〟になることを強要する、厳しくてしんどい話ばかりだと思っている読者も少なくないだろう。要約すると「目的に応じて、自分の特徴を強みに変えて、死ぬまで磨き続けろ！」という話に聞こえるからだ。「なんだか、しんどいな」、「そんな努力ばかりできないよ」という率直な反応を持つ人も多いだろう。私は子供の頃に漢字ドリルなどのコツコツと努力を積み重ねる宿題が苦痛で、できたことが一度もない生来の怠け者なので、その気持ちはとてもよくわかる。

だからこそ、私は「好きなこと」に集中しろと、くどいように申し上げているのだ。好きなことでないと努力は継続できない。もし好きなことすら努力できないというのであれば、その人は何も努力できないということだ。特筆すべき技能は相対的に何も習得できないということ。資本主義社会のルールに則って、もたらされるインパクトを甘受する覚悟だけは持って、いつでもキリギリスな人生を歩けば良い。それがあなたの目的に応じた〝選択〟ならば、何も間違っていない。

ただし「本当に好きなことであれば、人間は努力を重ねることができる」と信じる方が得だろう。この社会で結果を残す優秀なプロと呼ばれる人々は、もれなく「その道で努力を積み重ねることができた人」であって、**その正体は「努力できる好きなこと」を見つけられた〝発見の成功者〟なのだ。**内面の声をよく聴いて、面白いと思える職能を見つけて飛び込み、その中で働きながら世界を拡げていく、そして更に夢中になれる要素を見つけ出していく。好きなことを見つけさえすれば、実はアリのようにはしんどくないのだ。

日本人はもっと強くならなければならない。これは次世代の若者に限定した話ではないのだ。むしろ社会の主力を構成している我々こそが、〝大人〟が、もっと強くならなければならない。日本人の一人一人がより高い能力を身につけて、自己実現を通して社会を活性化していく、そのサイクルを加速させねばもう間に合わない。我々は今、豊かだった日本を次世代に託せるかどうかの瀬戸際に立っている。

かつて世界経済の16％を占めた日本は、空白と停滞の〝平成30年間〟を経て、成長する世界から取り残され、今では僅か6％の存在になり果てた。アジアで唯一絶対的な先進国だったのに、今では一人当たりＧＤＰでもアジアのトップからとっくに転げ落ちている。さらに少子高齢化が進む中で、事態は加速度的に悪化するだろう。

日本全体が貧しくなると、普通の人が、普通には生きていけない社会になる。のんびりしていても食べていけた日本はもう終わるのだ。小さなパイを奪い合う環境が激化していく未来では、日本の〝高信頼社会〟は維持できない。早くなんとかしないと日本は殺伐としたどこかの国のようになるだろう。このままでは確実に〝嫌な時代〟がやってくるのだ。これから誰がどうやって1億2000万人を食わせていくのか？

日本が生き残る道は、社会を活性化させる人材を輩出する構造を早く強化することだ。遠回りに見えて、実は教育に置くこの一石こそが日本再生の〝重心〟であると私は確信している。あらゆる分野で本物のプロフェッショナルをもっともっと多く輩出しなければならない。その中から新しい事業や産業を興す若者が現れる仕組みが必要だ。

今、社会人になろうとしている若者の世代の中にも、きっと〝未来の孫さん〟や〝未来の鈴木さん〟がいるに違いないのだ。数十年後に大きな事業を興す、我々がまだ知らない若者が、今この瞬間にもどこかで社会に出ようとしているはず。もしかしたら本書の読者の中にいるかもしれない。一人でも多くの日本人がキャリアの目的意識に目覚め、プロになる覚悟と勇気を養う〝構造〟を早くつくらねばならない。

学校教育だけではない、むしろ家庭教育こそが重要だ。キャリアの話やお金の話を親とほとんどしない家庭が日本には多すぎる。背中で語る親は立派だが、我々はもう少し口でも語れるようにならなければならない。これを読んだすべての人は、御自身の子供、御友人、兄弟姉妹、多くの親しい知人と、ぜひともキャリアの話をして頂きたい。

相手のためになることや正しいことを伝えられなくても良いのだ。まして何も説得などする必要はないし、そんなことはしない方が良い。ただ、今の本人の考えをよく聴いて頂きたいのだ。考える機会を作ることが何よりも重要なのだから。Self Awarenessを高め、己の特徴を活かすキャリア戦略を持ち、社会人としての在り方を〝選択〟できる一般教養としての見識を備えた日本人が、もっともっと圧倒的に増えなければならない。

〝キャリア〟に対する個の覚醒が必要なのだ。シンプルに言えば、やりたいことを考えないことや我慢することがデフォルトになっている社会を、それぞれの〝欲〟に対して素直に旗を立てて進むことが当たり前になる社会に変えるということだ。この資本主義社会の構造は、一人一人の成功の積み重ねが、結果的に全体を活性化させるようにできている。そうやって素直に生きていく人は、さまざまな経験を経て、プロとしてのキャリアを成功させ、この社会をポジティブに活性化させる原動力になるだろう。

そういう私自身も素直に己の〝欲〟に向かうキャリアの真っ只中にいる。私の〝欲〟は「知的好奇心」と「達成感」を満たすことだ。考え抜いた戦略を世の中に放り投げたとき、果たして世界はどう反応するのか？　その瞬間に佇むドキドキ感に比べれば、他のことがまるで霞んでしまうほど、その刺激はエキサイティングだ。その瞬間の興奮のパルスを味わうために私は生まれてきたに違いない！　と思えるほどだ。

だから私はこう考えた。せっかく戦略を考えてマーケティングするのであれば、30年や50年、できれば100年先の日本の役に立てるような変化の起点を作りたい！　お金はどれだけあってもあの世には持っていけないし、遺してもくだらない争いの種ぐらいにしかならない。しかし、もしも持続可能な〝事業〟をこの世に遺せたならば！　次世代の日本の役に立つ〝ノウハウ〟を残せたならば！　きっと死ぬ前に少しは微笑んでから旅立てる。だから決して守りには入らない。人生、全力で前のめりだ！

USJの経営再建の使命を完了した後、私は2017年に同志たちとマーケティング精鋭集団「株式会社刀《かたな》」を起業した。「刀」は、USJ再建よりも難易度の高いものを含むいくつかのプロジェクトを進めている。今現在で公表したものは沖縄の新テーマパーク・プロジェクトだけだが、その他にもやりがいのあるミッションを並行しており、早々に顕著な結果が出ている。「刀」が戦う舞台の業界は多岐に渡り、さまざまな個別事情はありながらも、どの戦場でもマーケティングの本質が全く同じであることを再確認する毎日だ。

企業が生き残るために、また日本が今後も豊かであるために、マーケティングが決定的に重要だと私は確信している。私はつくづくマーケティングという職能を身につけて良かったと思う。マーケティングの本質を体系化する研究の末に、私はついに『森岡メソッド』を確立した。それはUSJを変えたように、マーケティングができない会社を、マーケティングができる会社に変えるノウハウだ。私はそこに真っすぐに旗を立てている。今後も、同志たちと力を合わせて「刀」をフル稼働させ、日本をもっと元気にしていきたい。

『この世界は残酷だ。しかし、それでも君は確かに、自分で選ぶことができる！』

本書では、一度しかない人生を輝かせて、あなたらしく生きるためのノウハウを、私の全力でお伝えした。本書を手に取った一人一人が、十人十色の目的を掲げて、自由なキャリアの成功に向かって大いに羽ばたいていただきたい。あなたが持って生まれたものをよく知り、御自身の特徴を最大限活かす飛び方を知りさえすれば、まちがいなくあなたは今よりもずっと高く飛ぶことができるはずだ！

子離れできない親の葛藤から生まれたこの本が、キャリアを考える人との1つ1つの出会いを重ねていくならば、それ以上の喜びはありません。私のような変人にその機会をくださったダイヤモンド社の亀井さん、ありがとうございました！

最後まで読んで下さった一人一人の読者に最大の感謝をお伝えします。みなさまのキャリアが輝きますように！　本当にありがとうございました！

〝マーケティングで、日本を元気に！〟

株式会社　刀　代表取締役CEO
森岡　毅

［著者］

森岡 毅（もりおか・つよし）

戦略家・マーケター。
高等数学を用いた独自の戦略理論、革新的なアイデアを生み出すノウハウ、マーケティング理論等、一連の暗黙知であったマーケティングノウハウを形式知化し「森岡メソッド」を開発。経営危機にあったUSJに導入し、わずか数年で劇的に経営再建した。

1972年生まれ。神戸大学経営学部卒。1996年、P&G入社。日本ヴィダルサスーン、北米パンテーンのブランドマネージャー、ウエラジャパン副代表等を経て2010年にユー・エス・ジェイ入社。革新的なアイデアを次々投入し、窮地にあったUSJをV字回復させる。2012年より同社チーフ・マーケティング・オフィサー、執行役員、マーケティング本部長。2017年にUSJを退社し、マーケティング精鋭集団「刀」を設立。「マーケティングで日本を元気に」という大義の下、数々のプロジェクトを推進。USJ時代に断念した沖縄テーマパーク構想に再び着手し注目を集める。

主な著作

アイデア開発のノウハウをUSJのV字回復の興奮とともに学びたい人へ
『USJのジェットコースターはなぜ後ろ向きに走ったのか?』（KADOKAWA）

世界一わかりやすくマーケティングの基本を学びたい人へ
『USJを劇的に変えた、たった1つの考え方
成功を引き寄せるマーケティング入門』（KADOKAWA）

戦略を立てる神髄を学びたい人へ
『確率思考の戦略論
USJでも実証された数学マーケティングの力』（共著、KADOKAWA）

人を動かし、組織を変える核心を学びたい人へ
『マーケティングとは「組織革命」である。
個人も会社も劇的に成長する森岡メソッド』（日経BP社）

苦しかったときの話をしようか

――ビジネスマンの父が我が子のために書きためた「働くことの本質」

2019年4月10日　第1刷発行
2023年12月7日　第22刷発行

著　者――森岡 毅
発行所――ダイヤモンド社
〒150-8409　東京都渋谷区神宮前6-12-17
https://www.diamond.co.jp/
電話／03･5778･7233(編集)　03･5778･7240(販売)

装丁･本文デザイン――玉造能之、八木麻祐子(ISSHIKI)
図版作成――スタンドオフ
校正――――鷗来堂
製作進行――ダイヤモンド・グラフィック社
印刷――――加藤文明社
製本――――ブックアート
編集担当――亀井史夫

ISBN 978-4-478-10782-9